BASTEI
LÜBBE

Willy Breinholst

Ich liebe Mama, Papa... und Spaghetti

Aus dem Dänischen übertragen von
Dieter J. Jörgensen

Mit Illustrationen von Steffen H. Lund

BASTEI LÜBBE

BASTEI-LÜBBE-TASCHENBUCH
Band 11 713

Deutsche Erstveröffentlichung
Titel der dänischen Originalausgabe: LAD DOG BARNET ...
Titel der englischen Ausgabe:
LITTLE SISTER – OFF THE RECORD!

Printed in Germany Juni 1991
Einbandgestaltung: Roland Winkler
Illustrationen: Steffen H. Lund
Satz: Fotosatz Schell, Bad Iburg
Druck und Bindung: Ebner Ulm
ISBN 3-404-11 713-1

Mein eigenes Vorwort

Dieses Buch habe ich nicht selbst geschrieben. Alles, was ich erlebe, habe ich einfach auf ein paar Bänder gesprochen, und dann hat mein Opa es sauber und richtig abgeschrieben. Weil ihm wegen meiner Rechtschreibfehler schlecht werden würde, wenn ich es selbst geschrieben hätte. Meine Klassenlehrerin, Fräulein Berner, behauptet immer, daß ich mit meinen Rechtschreibfehlern Guinness-Weltmeister werden könnte. Wenn also Kristoffer den Platz freimachen sollte, er ist nämlich der einzige in der Klasse, der *Schule* auf sieben verschiedene Weisen schreiben kann.

Ich bin neun Jahre alt und heiße Charlotte. Mein großer Bruder heißt Rudolf. Wenn wir ihn ärgern wollen, nennen wir ihn ›Rudolf mit der roten Nase‹. Obwohl sie überhaupt nicht rot ist. Aber das tun wir auch nur, wenn wir weit genug von ihm weg sind.

Mein kleiner Bruder heißt Martin. Er soll das nächste Mal in die Schule gehen. Er ist schon lange schulreif gewesen, ab und zu ist er sogar fast überreif. Und dann habe ich eine Herzfreundin, sie heißt Susanne. Sie ist meine beste Freundin. Und meine zweitbeste. Weil ich Conny nicht mehr ausstehen kann.

Und dann habe ich einen Hund, der heißt Bobby. Der liebt mich und tut alles, was ich ihm sage, wenn er Lust hat. Ich habe auch eine dunkelgraue Katze, die hier und da etwas weiß ist. Sie heißt Pjevs und hat drei Jungen. Aber zwei davon haben wir verschenkt. Und dann habe ich eine kleine Schildkröte, Herrn Krötschild, aber zur Zeit versucht er, von zu Hause wegzulaufen. Zwei Wellensittiche habe ich auch, Kiki und Pipsi. Aber Pipsi ist tot, weil er mit den Beinen nach oben von der Stange gefallen ist; ich habe ihn in einer leeren Zigarrenkiste hinten im Garten begraben. Und dann habe ich nicht ... doch natürlich, ich habe auch noch Mama und Papa. Die hätte ich fast vergessen. Meine Mama und meinen Papa habe ich lieb. Und ich liebe auch Omas selbstgebackene Apfelpfannekuchen mit Marmelade. Schluß des Vorwortes.

Große Begebenheiten der Weltgeschichte

In der heutigen Geschichtsstunde erzählte Herr Lindberg von großen Begebenheiten der Weltgeschichte. Es war eine große Begebenheit, als Kaiser Nero Rom in Brand steckte. Es war eine große Begebenheit, als Kolumbus Amerika entdeckte. Und es war eine große Begebenheit, als Napoleon geboren wurde. Es war auch eine große Begebenheit, als der Weltkrieg andauerte. Und eine große Begebenheit war es, als die erste Atombombe drüben in Japan explodierte. Es war eine sehr, sehr

»Das Gute an Susi, verglichen mit mir, ist, daß sie nie aufheult, wenn sie Seife in die Augen kriegt.«

große Begebenheit, als der erste Mensch das erste Mal seine Füße oben auf den Mond setzte.

Als Herr Lindberg uns das alles erzählt hatte, fragte er, ob jemand von uns noch weitere große Begebenheiten nennen könnte, aber niemand meldete sich. Vielleicht, weil wir meinten, daß er sie schon alle genannt hatte.

»Wie groß müssen die Begebenheiten sein, bevor wir sie anführen dürfen?« fragte ich.

»Na ja, ganz so groß wie die Begebenheiten, von denen wir eben gesprochen haben, brauchen sie natürlich nicht zu sein«, sagte Herr Lindberg. »Hast du einen Vorschlag?«

»Ja, Mama und Papa erzählen immer, daß es eine große Begebenheit war, als ich geboren wurde, weil ich nämlich eine Zangengeburt bin!«

Ich hatte einen neuen Trainingsanzug bekommen, in meinen Lieblingsfarben Pink und Pelikan-Blau, auf dem Rücken stand mit riesengroßen Graffiti-Buchstaben ALABAMA RAMMER JAMMER und darunter DENISON CAMPUS und WISCONSIN OCTOPUS. Absolut todschick, Mann! Aber erst, als ich den Trainingsanzug angezogen hatte, merkte ich, daß alles auf dem Rücken stand.

»Mama«, sagte ich, »dieser Trainingsanzug ist absolut blöde. Was bringt es denn, daß alles Gute hinten auf dem Rücken steht – wenn ich selbst vorne bin?«

Was machst du eigentlich so, Papa?

Wenn Papa aus dem Büro nach Hause kommt, ist er fast immer müde. Dann setzt er sich meistens hin und will nur seine Ruhe haben. Und dann ist ihm gar nicht nach Lärm zumute, oder nach einer Menge Fragen von meinem kleinen Bruder, der immer gerade dann viele Fragen hat, wenn Papa am allerwenigsten Lust hat, zu antworten.

Auch heute fragte mein kleiner Bruder Papa viele verschiedene Sachen, während Papa in seinem eigenen Stuhl saß und sich ausruhen wollte, wobei er eine Zigarette rauchte und aus einem Glas trank, in dem Eisklumpen und so etwas waren.

»Papa«, fragte mein kleiner Bruder so, als wollte er erst einmal Kontakt aufnehmen, »was machst du eigentlich immer im Büro?«

Papa antwortete nicht, sondern las einfach weiter in seiner Zeitung.

»Papa ... was machst du eigentlich im Büro?« fragte mein kleiner Bruder einfach noch einmal.

»Nichts«, murmelte Papa.

Darauf spielte mein kleiner Bruder ein bißchen weiter mit seinen Autos auf dem Fußboden. Aber dann stand er auf und ging ganz nah zu Papa hin.

»Aber, Papa«, sagte er, »wie kannst du dann wissen, wann du fertig bist?«

Ich und mein kleiner Bruder saßen im Wohnzimmer und sahen etwas sehr Interessantes im Fern-

»Wenn ich jetzt einfach aufhöre, dieses idiotische Puzzle zusammenzusetzen, werde ich dann in den Augen der Welt ein Verlierer sein?«

sehen. Es ging um eine Frau in einem Land, das Brasilien hieß, sie hatte eine ganze Menge Kinder auf einmal gekriegt. Und wir konnten sehen, wie sie jetzt in irgendeiner Geburtsklinik alle in ihrem Bettchen strampelten. Ich lief schnell in die Küche und rief Mama:

»Mama!« rief ich. »Komm mal schnell und guck! Da ist eine Frau im Fernsehen, die hat zweimal Zwillinge gekriegt ... und dann noch eins dazu!«

Mir fiel einfach nicht sofort ein, wie es richtig hieß, aber Mama sagte es mir, und jetzt weiß ich, daß es Fünflinge waren!

Mamas spannendes Leben

Es regnete in Strömen, und ich konnte überhaupt nicht rausgehen zum Spielen. Statt dessen saßen ich und Mama drinnen im Wohnzimmer und machten es uns zusammen mit meinem kleinen Bruder gemütlich. Und Mama erzählte von früher, als sie noch ein Teenager war, vierzehn Jahre alt, gerade konfirmiert, damals wohnte sie auf einem großen Hof auf dem Lande. Sie erzählte, wie die Schafe kleine Lämmer kriegten, und auch davon, daß sie ihr eigenes kleines Pony hatte, auf dem sie in den Wald und auch sonst überallhin reiten durfte. Sie erzählte auch, wie sie sich in den Heuhaufen versteckt hatte, wenn sie Verstecken spielten, und davon, wie sie in etwas hinausgewatet war, daß sie einen Baggersee nannte, worauf Enten mit kleinen Entchen schwammen, die sich beim

Anfassen sehr, sehr weich anfühlten, weil sie viele Daunen hatten. Sie erzählte viel von all den spannenden Dingen, die sie als Teenager erlebt hatte, und ich saß bloß da und hörte zu und wurde sehr neidisch auf das spannende Leben meiner Mama.

»Also, Mama«, sagte ich, »warum hast du mich eigentlich nicht schon damals gekriegt? Dann hätten wir so schön zusammen spielen können!«

Mein kleiner Bruder war zum Geburtstag bei seinem Spielkameraden Otto eingeladen. Er hatte sich schon sehr, sehr lange darauf gefreut, weil Ottos Mutter eine so herrliche Torte backte. Ihm war aber gesagt worden, daß er nur zwei Stücke essen dürfte. Denn das letzte Mal, als er zu einer Geburtstagsfeier war, hatte er zuviel gefuttert und die ganze Nacht Magenschmerzen gehabt.

»Na?« fragte Mama, als er nach Hause kam. »Wieviel Torte hast du denn gegessen?«

»Nur die zwei Stücke, die du mir erlaubt hattest. Ich hätte schon noch ein Stück essen können, aber das habe ich Ottos Mutter nicht gesagt. Ich sagte nur, daß es die beste Torte aller Zeiten war. Und dann fragte ich nach dem Rezept, damit du sie auch mal machen kannst. Und darauf wurde Ottos Mutter so stolz, daß sie mir noch ein besonders großes Stück abschnitt!«

»Ich und mein kleiner Bruder spielen Verstecken. Er findet mich nie. Als er rief: ›Sag mal Kuckuck!‹, rief ich: ›Miau, Miau!‹«

Großer Fortschritt in der Schule

Meine Tante Constanze kommt manchmal zu Besuch, und sie fragt mich dann fast immer, ob mein Taschengeld reicht, und dann sage ich, daß ich eigentlich alles spare, daß es aber trotzdem gewaltig kneift, weil es ja nicht so furchtbar viel Taschengeld ist. Und dann gibt mir Tante Constanze immer etwas Geld, damit ich mein Taschengeld aufbessern kann.

Gestern fragte sie, ob sie mein Zeugnisbuch aus der Schule sehen dürfte, und das durfte sie sehr gerne, weil ich wußte, daß dieses Mal etwas Gutes drinstand.

»Oh«, sagte sie, als sie das Zeugnis und alle Zensuren genau studiert hatte. »Du bist ja richtig gut in der Schule. Im Rechnen und im Schreiben sieht es ja prima aus. Und es gibt Fortschritte in Naturkunde und in Erdkunde. Sogar in deiner Ordnung sehe ich Fortschritte. Deine Mama und dein Papa müssen dich wirklich sehr loben, nicht wahr?«

»Do-och«, sagte ich. »Aber nicht mehr, als ich es gerade nötig habe!«

Manchmal ist mein kleiner Bruder erkältet, oder er hat etwas Magenschmerzen oder auch was anderes. Dann möchte er lieber zu Hause bleiben, anstatt in den Kindergarten zu gehen. Aber gestern, als er Fieber hatte und wohl mit einer Halsentzündung begonnen hatte, wollte er trotzdem in den Kindergarten.

»Irgendwie ist Bobby mehr wert als ich. Er hat einen Stammbaum, ich nicht!«

»Aber Mama«, sagte er, als Mama gesagt hatte, daß er unbedingt im Bett bleiben müßte, »das kann ich einfach nicht. Heute haben wir doch unseren großen Bastelwettbewerb im Kindergarten. Wir sollen alle aus Lehm und Modellierwachs Tiere formen, Pferde, Kühe und Schafe ... und ich bin stellvertretender Vorsitzender der Jury!«

Ich und die Klasse machen eine Sammlung

In der Schule haben wir das Glück, manchmal einen freien Tag zu bekommen, weil wir für einen guten Zweck eine Sammlung machen sollen. So haben wir zum Beispiel auch für etwas gesammelt, das hieß ›Pflanze einen Baum in Afrika‹. Und wenn sie das alles kriegen, was wir gesammelt haben, dann pflanzen sie da unten einen Baum. Gestern hatten wir den ganzen Tag frei, wir sammelten nämlich für etwas, daß hieß Bangladesh, weil es zuviel geregnet hatte. Wir gingen alle überall herum mit Büchsen, in die man Geld stopfen konnte. Und als wir bei allen Leuten gewesen waren, gingen alle Klassen in die Turnhalle, und dann leerten wir die Sammelbüchsen und zählten Klasse für Klasse das gesammelte Geld.

Meine Klasse hatte fast am meisten gesammelt, und danach gab es Cola und warme Apfelpfannkuchen, die einige von unseren Eltern gebacken hatten. Einer aus unserer Klasse sollte einen lie-

»Als ich es Papa zeigte und ihm sagte, daß es ihn darstellen sollte, meinte er: ›Ganz gut! Für den Anfang. Rembrandt wurde ja auch nicht an einem Tag erbaut!‹«

ben Brief an die hungrigen Kinder in Bangladesh schreiben. Und dazu wurde ich auserwählt, weil man nämlich lesen kann, was ich schreibe. Obwohl vielleicht noch zu viele Rechtschreibefehler drin sind, aber da hatte Fräulein Berger versprochen, daß die wieder wegkommen. Ich schrieb den Brief zu Hause, und heute brachte ich ihn Fräulein Berger mit.

Ich hatte geschrieben:

»Liebe hungrige Kinder. Ich und die Klasse, wir haben eine Sammlung gemacht. Und das Geld, das wir gesammelt haben, schicken wir euch jetzt. Ich hoffe, daß ihr immer noch hungrig seid, wenn das Geld ankommt. Hej und herzliche Grüße, Klasse 3a.«

Ich ging in das Zimmer meines kleinen Bruders, weil Pjevs miaute. Er hatte wohl etwas umgeworfen, was mein kleiner Bruder mit Legosteinen auf dem Fußboden aufgebaut hatte.

»Aber Junge«, sagte ich wütend. »Du kannst doch den armen Pjevs nicht so am Schwanz ziehen!«

Mein kleiner Bruder war völlig unschuldig.

»Ich halte doch nur den Schwanz fest«, sagte er. »Ziehen tut Pjevs von allein!«

Man sieht es doch: Ein Stier ist keine Kuh

Ich und Mama und mein kleiner Bruder sahen das Kinderprogramm im Fernsehen. Da war ein richtiger Bauernhof draußen auf dem Land. Und wir sahen alles, was der Bauer hatte: Kühe und Schweine und Hühner und so etwas. Wir waren auch draußen auf der Wiese, und da stand ein riesengroßer Stier, er war mit einem langen, dicken Seil festgebunden, damit er sich nicht losreißen und die Leute anfallen konnte. Ich wußte etwas, was mein kleiner Bruder sicher nicht wußte, und da sagte ich:

»Martin«, sagte ich. »Weißt du, woran man erkennen kann, daß es ein Stier ist und nicht bloß eine Kuh?«

»Sei doch mal still«, sagte Mama, »und guck dem Bauern zu. Sieh mal, jetzt führt er den Stier dort hinüber, wo noch schönes, saftiges Gras wächst.«

»Ich rede gerade mit Martin, Mama. Weißt du, woran man erkennen kann, daß es ein Stier ist, Martin?«

Ich war ein bißchen stolz darauf, daß ich es wußte, und daher sollte mein kleiner Bruder es jetzt auch wissen.

»Man sieht, daß es ein Stier ist, weil er ...«

»Jetzt sei doch mal ruhig«, sagte Mama. »Und paß mal auf. Sonst machen wir aus.«

»Hej, ich bin die Prinzessin Süßes Honigherz. Ich darf draußen spielen bis um zehn. Dann muß ich in den Wigwam. Aber vorher muß der Hahn von Jensen seine Schwanzfedern wiederhaben!«

»Aber Mama«, sagte ich stur, »ich will Martin doch nur erzählen, daß man sehen kann, daß es ein Stier ist, weil er einen Ring durch die Nase hat. Das haben die Kühe doch überhaupt nicht, oder?«

Einer von unseren Nachbarn, Herr Lange aus Nummer 14, hat jetzt einen kleinen Cockerspaniel. Der ist ganz süß. Ich habe mich sehr schnell mit ihm angefreundet. Aber etwas ist merkwürdig, denn er hat nur einen kleinen, kurzen und stumpfen Schwanz. Die anderen Hunde, die ich kenne, haben viel mehr Schwanz.

»Herr Lange«, sagte ich gestern zu Herrn Lange, »wie kommt es, daß dein neuer Hund einen so kurzen Schwanz hat? Habt ihr ihn abgeschnitten ... oder habt ihr ihn nur reingedrückt?«

Kommen Menschenfresser auch in den Himmel?

Ich hatte gerade im Kinderfernsehen eine Sendung gesehen über Leute, die freiwillige Entwicklungshelfer genannt wurden, die nach Afrika und solchen Ländern reisten, um zu helfen, wenn jemand arm geworden war. Das Fernsehen zeigte auch einen Film ohne Farben aus alten Tagen, als es noch Menschen gab, die Kannibalen hießen. Dann reisten ein paar Missionare runter nach Afrika und halfen den Negern, an den lieben Gott zu glauben, denn dann konnten sie besser in den Himmel kommen, wenn sie starben.

Danach saß ich da und dachte darüber nach.

»Mama«, sagte ich, »früher, wenn die Missionare gestorben sind, kamen sie dann in den Himmel?«

»Ja, da bin ich eigentlich ziemlich sicher«, sagte Mama.

»Kamen die Menschenfresser auch in den Himmel?«

»Da bin ich mir nicht ganz so sicher.«

Wieder saß ich da und überlegte.

»Aber Mama«, sagte ich dann, »wenn nun ein Menschenfresser einen Missionar aufgefressen hatte, dann wäre doch der liebe Gott eigentlich gezwungen gewesen, ihn in den Himmel kommen zu lassen, oder?«

Wenn wir zu Hause bei Oma und Opa Fernsehen gucken, dann kriegen wir nicht so viele Süßigkeiten, Lakritzen und solche guten Sachen, weil Oma sagt, das ist ungesund für die Zähne. Es bringt auch nichts, wenn wir sagen, daß wir es ganz schnell essen werden, damit die Zähne keine Chance haben, es zu entdecken.

Aber Omas Plätzchen dürfen wir immer haben, wenn wir Fernsehen gucken. Nur die mag mein kleiner Bruder nicht so gern, weil die fast immer mit Mandeln oder Zimt gebacken sind.

Gestern abend ließ er die Schale mit Omas Plätzchen vorbeigehen.

»Nein«, sagte er. »Ich möchte keine.«

Aber etwas später bereute er es dann doch.

»Doch, Oma«, sagte er. »Ich möchte doch eins. Ich merke, wie ich mich im Mund langweile!«

»Das Beste an der Schule sind aber doch die Sommerferien!«

Mein liebstes Schmusetier

Fräulein Berner drüben in der Schule sagt, daß wir in unserer Klasse jetzt so gut schreiben können, daß sie es geradezu lesen kann. Und deswegen meint sie, daß wir damit anfangen sollen, als Hausaufgaben kleine, leichte Aufsätze zu schreiben.

Gestern sollten wir einen Aufsatz mit dem Thema ›Mein liebstes Schmusetier‹ schreiben. Und wenn wir gar kein Schmusetier hatten, sollten wir schreiben, welches Schmusetier wir am liebsten haben wollten.

Ich wußte auf der Stelle, über welches Schmusetier ich schreiben wollte.

Ich schrieb:

»Mein liebstes Schmusetier ist Bobby. Bobby ist mein Hund. Bobby sagt niemals: ›Tu es bitte JETZT!‹, so wie Mama. Er sagt nie: ›SOfort AUFhören!‹, so wie Papa. Und er sagt auch nie: ›Halt die Klappe, blöde Ziege!‹, so wie mein großer Bruder. Er sagt nur ›WAU!‹ Und dann leckt er mir das Gesicht. Deswegen liebe ich Bobby, und deswegen ist Bobby mein liebstes Schmusetier. Schluß. Charlotte, 3a.

Heute war im Fernsehen wieder Kinderprogramm. Es wurde von einer Klassenreise erzählt. Ich war selbst schon mehrfach auf Klassenreise, deswegen weiß ich, daß das unheimlich lustig ist. Wir sahen ein Mädchen, das zu einem Bach geschickt wurde, um einen Eimer Wasser zu holen. Der Bach hatte

»Hier steht etwas von einer Prinzessin, die auf hundert Decken und einer Erbse schlief. Wenn sie eine richtige Prinzessin war, dann muß sie mit blauen Flecken aufgewacht sein!«

eine sehr starke Strömung, aber sie hätte auf ein paar großen Steinen hinausbalancieren können, und dann hätte sie den Eimer füllen können. Aber sie blieb einfach mit dem leeren Eimer stehen und blickte auf das vorbeiströmende Wasser. Ich war sicher, daß sie ins Nachdenken gekommen war und ganz vergessen hatte, warum sie zum Bach geschickt worden war, aber mein kleiner Bruder verstand es nicht richtig.

»Warum füllt sie ihren Eimer denn nicht?« fragte er. »Sonst geht es ja nicht weiter.«

»Immer mit der Ruhe«, sagte ich. »Vielleicht hat sie ja noch kein Wasser gefunden, das ihr gefällt.«

Unsere Schulpsychologin ist sehr schlau

In unserer Schule gibt es jemanden, die wird eine Schulpsychologin genannt. Heute kam sie zu uns in die Klasse, weil wir in den Mathematikstunden einen Referendar haben, der es nicht schafft, daß wir ruhig sitzen und zuhören. Die Schulpsychologin erzählte eine Menge davon, daß wir besser aufpassen sollten, was der Referendar sagt, und auch genau darauf achten sollten, was er an die Tafel schreibt. Und all so was.

»Ich schreibe jetzt ein paar zufällige Zahlen an die Tafel«, sagte die Schulpsychologin, die todlangweilig und sehr schlau war. »Und dann werde ich sehr schnell herausbekommen, ob die Klasse wach ist und aufpaßt, oder nicht. Karina ... nenn mir eine Zahl.«

»37«, sagte Karina. Die Schulpsychologin schrieb 73 an die Tafel. Genau umgekehrt.

»Und Kristoffer ... sagst du mir auch eine Zahl?«

»46«, sagte Kristoffer.

Und sie schrieb 64 an die Tafel anstatt 46, wonach sie gefragt hatte.

»Und du da ganz hinten ... Zofia! Nenn mir auch eine Zahl.«

»27«, sagte Zofia, und die Schulpsychologin schrieb 72.

Dann fragte die Schulpsychologin, ob jemand von uns etwas zu bemerken hätte. Aber das hatte keiner. Ich war die einzige, die sich meldete.

»Schreib doch 66!« rief ich.

Ich und Mama und mein kleiner Bruder waren im Gemüseladen, um Kartoffeln und Möhren und so etwas zu kaufen, und plötzlich gab die Frau des Gemüsehändlers meinem kleinen Bruder eine große, kostenlose Apfelsine. Und mein kleiner Bruder nahm sie einfach.

»Na?« sagte Mama. »Was sagt man denn jetzt?«

Mein kleiner Bruder reichte der Frau die Apfelsine zurück.

»Schäl sie bitte«, sagte er.

»Ich muß Mama rufen. Ich kann mich nicht erinnern, ob es Abend ist und ich zu Bett gehen soll, oder ob es Morgen ist und ich aufstehen soll!«

Es ist gemütlich, wenn Papa laut aus der Zeitung vorliest

Wenn Papa sitzt und Zeitung liest, dann erzählt er manchmal Mama, was er gerade liest, aber das finde ich ganz in Ordnung, weil ich das gemütlich finde, und ich höre immer mit mindestens einem Ohr zu, was er sagt. Am meisten sagt er, wenn er den Sportteil erreicht hat.

»Früher war es ja schon eine Weltsensation, wenn es jemandem gelang, den Ärmelkanal zu durchschwimmen«, sagte er gestern abend zu Mama, als er die Sportseiten aufgeschlagen hatte. »Heute gehört schon wesentlich mehr dazu! Hier steht etwas von einer Jaćqueline Fayard, einer französischen Meisterschwimmerin, sie hat den Kanal in neuer Rekordzeit durchschwommen ... dreimal!«

»Phantastisch«, sagte Mama.

»Dreimal?« mischte ich mich ein. »Das hört sich nicht gerade sehr geschickt an, Papa.«

Papa senkte die Zeitung.

»Wie meinst du das?«

»Na ja«, sagte ich, »es wäre doch viel geschickter gewesen, wenn sie viermal geschwommen wäre. Denn dann wäre sie dahin zurückgekommen, wo sie sich ausgezogen hat!«

Ich und mein kleiner Bruder sahen im Fernsehen einen Film über Vögel aus aller Welt. Wir sahen

»Wenn die richtigen Elefanten unten in Afrika mit Luft gefüllt wären, genauso wie meiner, dann wäre es lustig, herumzulaufen und ihnen die Luft abzulassen!«

auch einen großen Vogel, der plötzlich seinen Schwanz entfaltete, wodurch er ungeheuer prächtig wurde, und dann tanzte er irgendwie um einen anderen Vogel herum, und der Mann im Fernsehen sagte, daß der Pfau – »so hieß nämlich der Vogel« – einen solchen Balztanz macht, um durch das Entfalten seines Schwanzes Eindruck zu machen. Bevor er sich paart.

»Das muß Mama sehen«, sagte mein kleiner Bruder, und dann lief er in die Küche und rief:

»Mama!« rief er. »Komm und guck mal. Da ist ein ganz großer Vogel, der in voller Blüte steht, weil er sich paaren soll!«

Regenbogeneis ist mein Leibgericht

Ich und ein paar andere Mädchen aus unserer Klasse waren zum Geburtstag bei Patricia, aber wir saßen alle ordentlich am Tisch, und wir bliesen einander nicht durch die Strohhalme Sprudel ins Gesicht, wie ich es einmal erlebt hatte, als ich bei Joachim zum Geburtstag war, und wir versuchten auch nicht, mit dem Löffel voller Schlagsahne ein anderes Mädchen gegenüber zu treffen. Solche Sachen gab es überhaupt nicht. Wir kriegten Regenbogeneis, und das schmeckte furchtbar gut. Ich liebe einfach Regenbogeneis und aß meine Portion sehr schnell. Da fragte Patricias Mutter, ob ich noch etwas möchte, und das wollte ich sehr gerne, und dann kriegte ich noch ein Stück und aß auch das auf. Ziemlich schnell.

»Wenn das hier Ei mit Tomate ist, dann ist alles in Ordnung, aber wenn es Tomate mit Ei ist, dann mag ich es nicht!«

»Na, man sieht's«, sagte Patricias Mutter. »Du magst ja Regenbogeneis. Möchtest du noch etwas?«

»Nein, vielen Dank«, sagte ich. »Mama sagte, daß ich beim dritten Mal ›Nein, danke‹ sagen sollte ... aber Mama konnte ja nicht wissen, daß deine Portionen so klein sind!«

Wir haben jetzt eine neue Schülerin in unserer Klasse, aber sie kommt aus einem fremden Land von ganz weit weg. Sie heißt Polok Rhee Wong. Ich weiß nicht, ob es so geschrieben wird, und eigentlich weiß ich auch nicht, wie es ausgesprochen wird, weil Polok immer sehr schnell spricht. Sie war vorher in einer anderen Schule in unserem Land und versteht daher sehr gut, was wir sagen.

»Du bist also aus Korea«, sagte Fräulein Berner und blätterte in einigen Papieren, die ihr der Schulleiter gegeben hatte, damit sie alles ins Klassenbuch eintragen konnte.

»Ja«, nickte Polok.

»Welcher Teil?« fragte Fräulein Berner.

»Jeder Teil von mir ist aus Korea«, sagte Polok, »Südkorea.«

Was macht eigentlich ein Pastor?

Ich und mein großer Bruder sowie Mama und Papa und mein kleiner Bruder waren in der Kirche, um den Pastor reden zu hören und uns alle singen zu hören, und was so dazugehört. Mama und Papa sagten, daß es gut wäre, wenn wir ab und zu in die Kirche gingen, weil mein großer Bruder bald konfirmiert werden sollte.

Als wir in der Kirche waren, ging der Pastor hoch zum Rednerpult, wo er sehr lange stehenblieb und redete. Und zwischendurch erhoben wir uns alle auf einmal, und dann setzten wir uns, und dann erzählte der Pastor wieder ganz viel.

Als wir nach Hause fuhren, fragte ich Mama:

»Was macht ein Pastor eigentlich, wenn nicht gerade Sonntag ist?«

»Er hat eine Menge kirchlicher Pflichten«, erklärte Mama. »Er muß alte und kranke Menschen besuchen. Und wenn kleine Kinder getauft werden sollen, muß er sie taufen. Und wenn zwei Menschen heiraten wollen, muß er sie verheiraten. Und wenn ein Mensch gestorben ist, muß er ihn beerdigen. Und er muß auch seine Predigten schreiben, damit er weiß, was er seiner Gemeinde sagen soll, wenn er zur Kanzel geht. Es ist wirklich harte Arbeit, eine Predigt zu halten.«

»Ja«, sagte ich. »Aber es ist ebenso harte Arbeit, einer Predigt zuzuhören!«

Plötzlich kam mein kleiner Bruder ins Wohnzimmer gestürzt. Er sah schlimm aus, sein Hemd war zerrissen, und er hatte nur noch einen Schuh.

»Was hast du denn bloß gemacht, Kind?« fragte Mama.

»Ich war bei einer gewaltigen Schlägerei drüben bei Konrad. Alle, die da waren, haben miteinander gekämpft.«

»Diese Bluse ist mir viel zu klein geworden. Das ist die Bluse, die ich damals nicht anziehen wollte, weil sie mir zu groß war!«

»Wer hat gewonnen?« wollte ich wissen.

»Das weiß ich nicht«, erklärte mein kleiner Bruder. »Sie sind noch mittendrin in der Schlägerei. Ich habe mich nur abgemeldet!«

Mein kleiner Bruder hat vor gar nichts Angst

Wenn wir Fernsehen gucken, sitzt mein kleiner Bruder immer auf dem Fußboden, fast ganz nah am Bildschirm, obwohl wir oft genug sagen, daß er da sitzen soll, wo auch wir anderen sitzen, weil man aus größerem Abstand besser sehen kann.

Gestern abend, als wir aktuelle Nachrichten aus allen Gegenden der Welt sahen, gab es auch einen Bericht über einen Waldbrand in Südfrankreich. Es war ein sehr großer Waldbrand, und große Hubschrauber schütteten jede Menge Wasser darüber, um das Feuer zu beruhigen und es zu löschen, aber das Feuer wurde immer gewaltiger, und ein paar Häuser brannten auch schon, und dann kriegte mein kleiner Bruder wohl Angst vor dem vielen Feuer, jedenfalls sammelte er seine Spielzeugautos ein und verzog sich vom Bildschirm weg, um zu mir auf den Sessel zu klettern.

»Hast du Angst?« fragte ich.

»Nein«, antwortete mein kleiner Bruder, der immer sehr tapfer ist und vor nichts Angst hat. »Ich habe nur Rauch in die Augen gekriegt!«

»Jetzt muß ich wirklich krank sein. Bisher habe ich noch nicht einmal etwas Unmögliches verlangt!«

Mein kleiner Bruder mag gern Äpfel. Hinten im Garten war ein großer Apfel von einem der Bäume gefallen. Er sah sehr prächtig und reif aus, aber Papa sagte, daß der Apfel zu früh reif geworden und deshalb heruntergefallen war.

»Ich möchte ihn aber trotzdem«, sagte mein kleiner Bruder.

Also wischte ich ihm den Apfel etwas ab, und er biß kräftig hinein.

»Paß lieber ein wenig auf«, sagte Papa, »denn in Äpfeln, die vom Baum gefallen sind, können manchmal Würmer sein.«

Mein kleiner Bruder biß trotzdem noch einmal kräftig in den Apfel.

»Wenn ich einen Apfel esse«, sagte er ungeheuer mutig, »dann müssen diese blöden Würmer eben besser aufpassen!«

Zucker ist gut und gesund

In der Erdkundestunde erzählte uns Herr Lindberg heute, wo überall auf der Welt Reis angebaut wird und wo man anderes Getreide anbaut, und er erzählte auch, in welchen Ländern man Rüben und Zucker und Regenwälder anbaut, und von vielem anderen, was auf der Welt angebaut wird, damit alle Menschen etwas zu essen haben, weil es so viele andere gibt, die zuviel haben.

Danach mußten wir an die Tafel und auf die große Landkarte von der ganzen Welt zeigen. Ich wollte die Stellen zeigen, wo die Menschen Reis

»Wir spielen Zirkus. Eigentlich wollte ich Zirkusprinzessin sein, aber dann fehlte den anderen gerade das Publikum ...«

anbauen, und das konnte ich ganz gut, aber dann erzählte ich auch etwas, das Herr Lindberg nicht wußte. Ich sagte nämlich, daß mein Leibgericht Reisgrütze mit Zucker und Zimt ist.

»Und jetzt du, Zofia«, sagte Herr Lindberg. »Kannst du der Klasse etwas über Zucker erzählen?«

Und das konnte Zofia.

»Zucker«, sagte sie und stand auf, »wird auf Zukkerfeldern angebaut. Zucker ist etwas Weißes, das ein Butterbrot etwas fade schmecken läßt, wenn man nichts davon draufstreut!«

Im Religionsunterricht in der Schule hatten wir Besuch von unserem Pastor. Dem Pastor, der zu der Kirche gehört, die zu der Schule gehört, in die ich gehe. Er wollte zuhören, was Fräulein Abrahamsen erzählte, und er wollte auch hören, ob wir die richtigen Antworten wußten, wenn Fräulein Abrahamsen uns etwas fragte. Er sagte, daß wir es gut konnten, und er sagte auch, daß er hoffte, uns bald alle in seiner Kirche zu sehen.

»Auch dich, mein Mädchen«, sagte er zu Sarawagi, die nicht richtig wußte, was sie antworten sollte, und deshalb einfach sagte:

»Ich werde darüber nachdenken!«

»Aber weißt du was, Mama?« sagte ich, als ich es zu Hause Mama erzählte. »Als der Pastor ging, sagte er nur ›Auf Wiedersehen‹. Ist das nicht merkwürdig?«

»Was meinst du denn, was er hätte sagen sollen?«

»Ja, hätte er nicht ›Amen‹ sagen müssen?«

Mama, ist dein Skelett aus Plastik?

Für den Biologieunterricht in der Schule haben wir ein paar neue ausgestopfte Vögel gekriegt. Und ein Skelett haben wir auch neu gekriegt. Nicht von einem Gorilla oder so, sondern von einem richtigen lebendigen Menschen. Also von einem Menschen, der einmal lebendig war!

Ich erzählte es Mama, als ich und mein kleiner Bruder unseren Nachmittagskakao bekamen.

»Mama«, sagte ich, »ist dein Skelett aus Plastik?«

»Um Gottes willen, nein, das ist es ganz bestimmt nicht«, antwortete sie. »Warum?«

»Weil das Skelett, das wir jetzt in der Schule gekriegt haben, aus Plastik ist. Aber Herr Lindberg sagt, daß es genauso haltbar ist wie ein richtiges Skelett.«

Mein kleiner Bruder wollte wissen, ob alle Menschen ein Skelett haben. Ich war nicht ganz sicher, ob er wirklich wußte, was ein Skelett ist. Aber das wußte er.

»Ein Skelett«, sagte er, »ist das nicht das, was von einem Menschen übrig bleibt, wenn man das ganze Fleisch abschält?«

Ich habe meinen Uropa besucht, der keine Uroma hat, weil die tot auf dem Friedhof liegt. Uropa ist furchtbar alt, aber ganz lieb, und Mama und Papa sagen, daß er auch geistig voll da ist. Er sagt immer, daß ich sein Lieblingsenkelkind bin. Aber das sind meine beiden Brüder auch.

»Angeln macht unheimlich viel Spaß, aber ich mag keine Fische totmachen. Deswegen hoffe ich, daß ich bloß einen alten Stiefel fange!«

Ich saß auf Uropas Schoß, als ich ihn besuchte. Man kann sehr gut mit ihm über alles reden.

»Uropa«, fragte ich, »warst du in der Arche Noah, als Noah seine Arche hatte und damit herumfuhr?«

»Nein«, antwortete Uropa. »Das war ich nun aber ganz sicher nicht, mein liebes Kind.«

»Aber, Uropa«, sagte ich, »warum bist du denn nicht wie alle anderen auch ertrunken?«

Jason mit dem goldenen Fell

Ich und mein kleiner Bruder und Mama und Papa waren heute in einem großen Kunstmuseum. Manchmal sagt Mama sonntags, daß wir ins Museum gehen sollten, weil uns das guttun würde. Wenn Papa protestiert und im Fernsehen lieber Sport oder so etwas sehen möchte, dann sagt Mama, daß es gerade Papa guttun würde, einmal ins Museum zu gehen.

Es war ein Museum mit einer Menge großer Marmorstatuen und Gipsstatuen und vielen anderen langweiligen Statuen.

Es gab auch eine Statue, die hieß Jensen mit dem goldenen Fell. Nein, nicht Jensen, sagte Papa, sondern Jason. Die Statue hatte nur einen Arm und einen Fuß und keine Nase, und fast gar nichts an der Stelle, wo eigentlich das Pimmelchen sitzen sollte. Als mein kleiner Bruder das sah, fragte er, wo es denn abgeblieben sei, aber dann zeigte Papa uns schnell ein Schild auf dem Podest, auf dem der Mann stand.

Darauf stand nur: ›1244 V. C.‹

»Wißt ihr, was ›1244 V. C.‹ bedeutet?« fragte Papa. Ich wußte es natürlich, denn Papa hatte es uns erklärt, als wir in einem anderen Raum eine andere Statue gesehen hatten. V. C. bedeutete ganz einfach, daß die Statue gemacht wurde, bevor der liebe Gott geboren wurde.

Aber mein kleiner Bruder wußte es nicht. Aber er traute sich doch, zu raten:

»Vielleicht ist es das Nummernschild des Autos, das ihn überfahren hat!« meinte er.

Heute früh, als wir es alle eilig hatten, weil wir alle losmußten und nicht viel Zeit hatten, konnte mein kleiner Bruder sich plötzlich nicht anziehen.

»Mama«, rief er. »Komm mal! Der Reißverschluß in meinem Pullover hat sich festgebissen! Er läßt sich einfach nicht mehr bewegen. Jetzt komm doch mal!«

Aber Mama kam nicht.

»Ich kann jetzt gerade nicht!« rief sie. »Versuch es selber noch mal!«

Und mein kleiner Bruder versuchte es selbst. Und es klappte.

»Was sollte ich bloß machen, wenn ich mich nicht hätte!« sagte er.

»Jetzt habe ich hier die Zeit von vier Donald-Duck-Heften gesessen. Jetzt muß ich fertig sein!«

Was liegt weiter weg: Der Mond oder China?

Mama liebt es, wenn der Mond scheint. Papa sagt immer, daß sie schon fast mondsüchtig ist. Dann legt Mama ihren Arm um seinen Hals und fragt, ob er den Mond gesehen habe.

»Nein«, antwortet er dann immer. »Hat ihn jemand weggenommen?«

Mama weiß immer, ob Neumond ist oder Vollmond, oder ein Mond, der kommt oder geht. Sie erzählt uns immer etwas ganz Kompliziertes darüber, daß dann, wenn man mit der linken Hand um den Mond greifen kann, dann ist der Mond zunehmend. Und wenn man mit der rechten Hand um den Mond greifen kann, dann ist er abnehmend. Vielleicht ist es auch umgekehrt, aber das ist ja auch egal, denn weder ich noch mein kleiner Bruder können um den Mond greifen, egal welche Hand wir nehmen.

Gestern abend, als der Mond zu sehen war, versuchte Mama uns zu erklären, wie weit der Mond eigentlich weg ist.

»Was, glaubst du, liegt am weitesten weg, Martin?« sagte sie. »Der Mond oder China?«

»China«, antwortete mein kleiner Bruder.

»Und warum meinst du das?«

»Doch, man kann ganz bis zum Mond hinaufgucken, aber China kann man nicht sehen!«

»Papa will mich für unsere Lokalzeitung als ›Das süßeste Sommermädchen‹ fotografieren. Ich möchte aber lieber so fotografiert werden, wie ich bin, damit die Leute mich erkennen können!«

Heute morgen hatte ich es sehr eilig, als ich in die Schule mußte, denn der Wecker ging zehn Minuten in die falsche Richtung, und ich mußte mich furchtbar schnell waschen und anziehen und mein Frühstück hinunterschlucken. Als es zur ersten Stunde geklingelt hatte und wir alle in der Klasse saßen, sagte Fräulein Berner:

»Aber Charlotte«, sagte sie. »Wie sieht denn dein Gesicht aus?«

»Wieso?« fragte ich.

»Du hast ja dein Gesicht überhaupt nicht gewaschen. Was würdest du sagen, wenn ich hier ankommen würde und hätte das ganze Gesicht mit weichgekochtem Ei und Marmelade verschmiert?«

Ich dachte einen Augenblick nach. Dann antwortete ich:

»Ich glaube, ich würde höflich sein und so tun, als ob nichts wäre!«

Mein neues Miami Campus T-Shirt

Oh, wie war ich wütend, als ich heute aus der Schule kam. Morgens durfte ich mein neues Blue Pink Miami Campus T-Shirt anziehen. Das hatten ich und Mama gerade in einem Girl-Shop mit todschicken T-Shirts und Sweat-Shirts und vielen anderen klasse Sachen gekauft.

Ich knallte meinen Ranzen in die Ecke und sank an den Küchentisch und vergrub mein Gesicht in beiden Händen. Dann schob ich die Tasse mit meinem Milchkakao zur Seite und sagte:

»Absoluter Schwachsinn, Mama!«

Mama stellte den Teller mit meinen Rosinenbrötchen hin.

»Ja, was ist denn passiert?«

»Passiert!« fauchte ich. »Karina, die in der Klasse neben mir sitzt, nicht? Sie hatte ein Blue Pink Miami Campus T-Shirt an, genau wie meins!«

Mama konnte sicherlich verstehen, daß das Schwachsinn war.

»Das heißt also«, sagte sie, »daß wir unbedingt für dich ein neues T-Shirt kaufen müssen?«

Ja, was denn sonst?

»Das wird auf jeden Fall billiger und einfacher«, sagte ich, »als wenn ich die Schule wechsle!«

Ich war zu einer großen Geburtstagsfeier drüben bei Anita eingeladen, aber meine neuen Schuhe, die ich zum ersten Mal anziehen wollte, drückten so furchtbar, daß ich kaum gehen konnte.

»Es geht einfach nicht, Mama«, sagte ich. »Ich kann diese Schuhe einfach nicht anziehen, sie drücken überall.«

Mama beugte sich herunter und schaute sich die Schuhe näher an. Dann mußte sie lachen.

»Aber, um Gottes willen, Kind«, sagte sie. »Du hast sie ja auch an die falschen Füße angezogen!«

Aber da wurde ich richtig wütend und fauchte:

»Bist du aber blöd, Mama! Ich habe doch keine anderen Füße!«

»Wenn Zahnpasta so schmecken würde wie Lakritzen oder wie Regenbogeneis, dann könntet ihr mich sechsmal am Tag Zähne putzen sehen!«

Vieles kann Glück sein

In der Schule haben wir in der Stunde von Fräulein Berner über Glück gesprochen. Fräulein Berner sagte, daß man Glück in vielen Formen finden könnte. An einem stillen Sommerabend ruhig dazusitzen und auf das Wasser zu blicken konnte Glück sein. Andere froh zu machen konnte auch Glück sein. Und es konnte Glück sein, morgens aus dem Hause zu gehen und zu wissen, daß man alle Hausaufgaben gemacht hatte. Es konnte Glück sein, seiner Mama oder seinem Papa eine Freude zu machen. Oder vielleicht einem Klassenkameraden. Oder sogar einem Lehrer.

Und dann durften wir alle Beispiele von Glück nennen. Als ich drankam, wurde es etwas schwerer, denn da hatten die anderen schon so viel genannt, daß für mich fast nichts mehr übriggeblieben war. Aber dann fiel mir doch noch etwas ein.

»Glück«, sagte ich, »das kann auch sein, wenn man bei seiner Tante und seinem Onkel draußen auf dem Lande Ferien macht. Ich war glücklich, als ich nach Hause fahren durfte. Und ich glaube auch, daß Tante und Onkel glücklich waren, daß ich abreiste!«

Oma ist amtierende Weltmeisterin im Herstellen von Eis, das sehr gut und ganz souverän schmeckt. Das allerbeste Eis, das sie machen kann, heißt Regenbogeneis, weil darin viele verschiedene Sor-

»Bobby und ich haben vieles gemeinsam. Ich freue mich genauso über eine Eiswaffel wie er über einen Knochen!«

ten Eis sind, genau wie die Farben in einem Regenbogen.

Wenn es zu Hause bei Oma Regenbogeneis gibt, dann essen ich und mein kleiner Bruder das Hauptgericht ganz blitzschnell, um ganz schnell zum Dessert zu kommen. Wir können es fast nicht abwarten. Und das Beste an allem ist, daß wir immer mehr als eine Portion kriegen dürfen.

»Also, Oma«, sagte ich gestern, als wir zum Dessert Regenbogeneis bekamen, »ich wünschte mir, ein zehnarmiger Tintenfisch zu sein!«

»Aber warum denn das?« fragte Oma.

»Doch, dann könnte ich mit zehn Armen gleichzeitig Eis essen!«

Oma blickte auf meinen Teller, der zum dritten Mal fast ganz leer war.

»Na, ich finde, daß du die beiden Arme, die du hast, schon ganz gut gebrauchen kannst!«

Nichts – Was ist das?

Wenn Fräulein Berner manchmal drüben in der Schule Aufsätze und Arbeiten korrigieren muß, dann läßt sie die ganze Klasse bis hundert zählen. Aber rückwärts. Und ohne Fehler zu machen. Hundert. Neunundneunzig, achtundneunzig, siebenundneunzig. Und so weiter bis Null. Gestern, als wir alle bei Null angekommen waren, riefen wir, so laut wir konnten:

»NULL!«

Aber Fräulein Berner war wohl noch nicht fertig

mit ihren Aufsätzen und fragte ganz abwesend, ohne darauf zu achten, was sie selbst sagte:

»Ja, ist gut, Kinder, und was kommt dann nach Null?«

»Nichts!« riefen wir.

Dann nickte sie und legte die korrigierten Arbeiten zur Seite.

»Könnt ihr mir ein Beispiel geben, was Nichts ist?«

»Ja«, sagte Frank. »Eine Handvoll Luft.«

»Du kannst nicht eine Handvoll Luft als Nichts bezeichnen, denn es ist ja Luft. Und ohne Luft könnten wir überhaupt nicht leben und atmen. Alle Menschen und Tiere und Pflanzen benötigen Luft. Hat vielleicht jemand ein besseres Beispiel?«

Das hatte ich.

»Ja«, sagte ich. »Ein Luftballon, wo der Ballon abgeschält ist!«

Mein kleiner Bruder ist in dem Alter, wo er immer Schule spielen will. Nur deshalb, weil er noch nicht alt genug ist, um selbst in die Schule zu gehen. Aber ich habe nicht immer Lust. Gestern hatte ich keine Lust.

»Wollen wir Schule spielen?« fragte er.

»Nee, jetzt nicht.«

»Doch, bitte. Tu mir den Gefallen.«

»Okay, also gut. Aber ich möchte Ferien spielen, und du kannst dann meinetwegen Pause spielen. Schnell, versteck dich vor den großen Jungs, die dich verhauen wollen!«

»Mann, wie ist das blöd, erkältet zu sein. Und nicht einmal meine schlimmsten Feinde kommen, damit man sie anstecken kann!«

Der größte Wunsch meines kleinen Bruders

Morgen sind es nur noch drei Wochen und vier Tage bis zum Geburtstag meines kleinen Bruders. Er zählt selbst immer mit, und jeden Tag fragt er, wie lange es noch dauert. Es stört ihn sehr, daß immer nur ein Tag vergeht. Sein allergrößter Wunsch ist ein neuer kleiner Bruder, weil Rudolf zu groß ist, um mit ihm zu spielen, und weil ich, ehrlich gesagt, oft genug anderes zu tun habe.

Heute half ich ihm dabei, seinen Wunschzettel zu schreiben.

»So«, sagte ich, nachdem ich mir das Papier zurechtgelegt hatte. »Was hast du denn für Wünsche?«

»Ein Skateboard«, sagte er. »Aber zuallererst einen neuen kleinen Bruder!«

»Aber das ist doch überhaupt nicht möglich ... rein praktisch«, sagte ich. »Jetzt sei doch bitte nicht blöd. Erst muß Mama schwanger sein, und Papa hat auch genug um die Ohren. Überstunden und so etwas. Und sie sagen auch, daß ein neuer kleiner Bruder nicht in den Etat paßt.«

Aber Martin gab sich nicht so ohne weiteres geschlagen.

»Wenn er nicht in den Etat paßt, dann kann er gerne bei mir im Zimmer schlafen«, sagte er. »Und wenn Papa so beschäftigt ist, könnte Mama dann nicht ein paar andere Männer dazu kriegen, ihr zu

»Wenn ich zu meinem Geburtstag den Schminkspiegel bekomme, den ich mir wünsche, dann werdet ihr eine Frau sehen, die direkt zum Film gehen kann!«

helfen, noch vor meinem Geburtstag express-schwanger zu werden?«

Als ich und mein kleiner Bruder gestern meinen Uropa da besuchten, wo er jetzt wohnt und von freundlichen Menschen gepflegt wird, da sagte er, daß er geradezu sehen könnte, daß ich gewachsen war, seit wir ihn das letzte Mal besuchten. Und dann blickte er auch auf meinen kleinen Bruder. Und da sagte er, daß er sich bald mal mit dem Wachsen etwas beeilen sollte. Und dann stellte er seinen Stock hin, um meinen kleinen Bruder zu messen.

»Jetzt wirst du bald sieben«, sagte er. »Und du bist nicht viel größer als mein Stock.«

Aber da antwortete Martin:

»Wie alt ist dein Stock denn eigentlich, Uropa?«

Wer hat seine Sachen nicht ordentlich auf den Stuhl gelegt?

Natürlich bin ich groß genug, meine Sachen ordentlich auf den Stuhl zu legen, wenn ich abends zu Bett gehe. Mein kleiner Bruder ist auch groß genug, seine Strümpfe und seine Unterhosen und sein Hemd ordentlich auf den Platz zu legen und nicht übers ganze Haus zu verteilen, einen Strumpf hier und einen Strumpf dort, und die Unterhose unterm Bett und das Hemd auf dem

Sofa im Wohnzimmer. Wir sind beide groß genug, unsere Sachen ordentlich hinzulegen.

Aber, mein lieber Mann, es ist nur so furchtbar schwer, daran zu denken.

Jedesmal.

Meistens liegen unsere Sachen da, wo wir gerade sind, wenn wir uns ausziehen. Ich will gerne zugeben, daß die Sachen gestern abend übers ganze Haus verstreut lagen, als ich und mein kleiner Bruder uns ausgezogen hatten.

Ich war gerade zu meinem kleinen Bruder ins Bett geklettert, als Mama ihren Kopf ins Zimmer steckte.

»Sagt mal«, sagte sie laut und streng. »Wer legte seine Sachen nicht ordentlich auf den Platz, als sie sich auszogen?«

Ich wußte es genau.

»Adam und Eva!« rief ich, und dann verschwanden wir beide blitzschnell unter der Decke!

Mein kleiner Bruder war mit dem Kindergarten in der Stadt, um das Zoologische Museum mit den vielen ausgestopften Tieren, Riesenskeletten und solchen Sachen zu besuchen.

Er erzählte nicht sehr viel, als er nach Hause kam. Eigentlich erzählte er nur von dem Eis und der Cola, die er bekommen hatte.

»Na«, meinte Mama. »Du hast doch wohl in der Stadt auch noch etwas anderes gesehen als eine Cola und ein Eis, oder?«

»Ach ja, übrigens«, sagte mein kleiner Bruder, als er ein wenig überlegt hatte, »irgendwo haben wir auch einen toten Zirkus gesehen!«

»Mama sagt, ich soll diese Schokobonbons mit meinem kleinen Bruder teilen, so daß jeder gleich viele erhält. Aber es wäre doch viel gerechter, wenn wir sie nach dem Alter aufteilen würden.«

In dieser Saison noch ungeschlagen

Tante Olga, die draußen auf dem Lande wohnt, kommt manchmal zu Besuch, und dann will sie immer wissen, wie es in der Schule geht. Das finde ich etwas merkwürdig. Denn ich frage sie ja auch nicht, wie es ihr in ihrem Nähclub oder in ihrem Kartenspielclub geht.

»Es geht prima«, sagte ich, und um das Gespräch nicht auf meine Leistungen in der Klasse kommen zu lassen, und wer von den Lehrern der netteste ist, und wann ich das letzte Mal eine Strafarbeit gekriegt habe, da erzählte ich, daß ich jetzt Torwart im Handballteam unserer Klasse geworden bin.

»Das hört sich aber gut an«, sagte Tante Olga. »Und wie schlägt sich eure Mannschaft so?«

»Ganz phantastisch, Tante!« sagte ich. »In dieser Saison sind wir noch ungeschlagen.«

»Das gibt's doch nicht! Da hast du dir wahrhaftig ein Zehnkronenstück verdient ...«

Ich bekam die zehn Kronen und gab Tante Olga auch einen Kuß auf die Stirn, weil Mama auch im Wohnzimmer war und es mitkriegen sollte.

»Und wann hat denn eure Handballsaison begonnen, Charlotte?« wollte Tante Olga noch wissen.

»Die?« sagte ich. »Vorgestern hatten wir das erste Spiel!«

Mein kleiner Bruder hatte von seiner Oma eine

»Gleich gibt es Biß! Papa ist gerade in den Hafenkiosk gegangen, um für sich selbst ein Bier und für mich eine Tüte Lakritzen zu angeln!«

neue Jeans gekriegt, aber sie war ihm zu klein, und er wollte sie nicht anziehen. Mama untersuchte sie und prüfte, wie sie saß.

»Die ist doch nicht zu klein«, sagte sie. »Du mußt sie nur eine Weile tragen.«

»Natürlich ist sie zu klein«, sagte mein kleiner Bruder. »Die ist überall zu eng. Sie ist viel enger als meine eigene Haut.«

»Was ist denn das für'n Quatsch?« sagte Mama.

»Das ist kein Quatsch. In meiner eigenen Haut kann ich mich hinsetzen, aber das kann ich nicht in dieser blödsinnigen Hose!«

Ein liebes Mädchen flucht nicht

Ich kann nichts dafür, und ich selbst merke es auch gar nicht, aber Mama sagt, daß es eine furchtbare Angewohnheit ist, und sie droht mir mit allem möglichen, wenn ich nicht bald damit aufhöre. Ich bin gerade in einer Phase, wo ich fluche. Ich fluche nicht alle die Flüche, die ich kenne. Nur einen davon. Ich sage »Verflucht noch mal!« Nichts anderes. Nie etwas wie »Leck mich ...« oder »Scheiße« oder so etwas.

Aber Mama will es einfach nicht mehr hören. »Mädchen sollen überhaupt nicht fluchen«, sagt sie. Es gibt nichts Schlimmeres als ein süßes Mädchen, das flucht. Sagt sie.

Heute nachmittag, als ich mich beeilen mußte, wegzukommen, weil ich bei Anne-Marie zum Geburtstag eingeladen war, sagte Mama, während

»Ganz ehrlich! Mir würde es nichts ausmachen, mein ganzes Leben in einem Zelt zu wohnen – mit einem Schlafsack, ein paar Müsli-Riegeln und einem Karton H-Milch ...«

sie mir am Kleid und am Haar und so weiter herumzupfte: »Wenn du da bist, dann bitte ich dich, nicht zu fluchen. Wirklich nicht. Im Haus von Anne-Marie hört man niemals einen Fluch. Ihr Vater ist Küster in der Kirche, und dann flucht man eben nicht. Du unterstehst dich, einen schlechten Eindruck zu machen. Und jetzt los mit dir! Und schönen Gruß an die Mutter von Anne-Marie. Ich habe ihr schon gesagt, wenn du zu viel fluchst, soll sie dich nach Hause schicken.«

Dann rannte ich los.

Eine halbe Stunde später kam ich zurück. Mama sah mir an, daß etwas schiefgelaufen war. Und ich konnte ihr sehr gut ansehen, daß sie glaubte, ich hätte wieder geflucht.

»Na, dann marsch ins Bett!« sagte sie nur und zeigte auf die Treppe. »Das kann gar nicht schnell genug gehen!«

Aber ich blieb einfach stehen.

»Verflucht noch mal!« sagte ich wütend. »Dieser blöde Geburtstag ist erst morgen!«

Oma, du darfst gerne zwei Stückchen nehmen!

Meine liebe Tante Olga draußen vom Lande hatte mir eine Schachtel Pralinen mitgebracht, als sie uns das letztemal besuchte, aber ich durfte nicht alles allein essen. Ich sollte auch allen anderen etwas abgeben, meinem großen und meinem kleinen Bruder und Mama und Papa, und auch noch etwas aufbewahren und nicht nur die guten Sachen für mich selbst behalten. Es war sehr kompliziert, eine eigene Schachtel Pralinen zu haben, von der so viele etwas haben sollten.

Ich sollte auch Oma ein Stück anbieten, als sie zu Besuch kam und mit Mama und Tante Olga Kaffee trinken wollte.

»Du darfst gern zwei Stückchen von denen mit dem harten, weißen Nougat innendrin nehmen«, sagte ich.

Oma ließ ihre Hand suchend über die Schachtel gleiten, um die Stückchen zu finden, von denen ich gesagt hatte, daß sie sie nehmen durfte.

»Und wie finde ich diejenigen, die du gerne los sein willst?« fragte sie.

»Das ist doch ganz einfach, Oma. Das sind die, an denen man die Eindrücke der beiden Vorderzähne sehen kann!«

Ich muß sehr viel von meinem Taschengeld sparen, weil Rudolf bald zur Konfirmation geht, und dann soll ich ihm von all meinem Geld ein Geschenk kaufen. Und es ist unheimlich schwer, immer daran denken zu müssen, daß ich sparen muß, besonders dann, wenn es einen Eisladen in der Nähe gibt, den man in zwei Minuten erreichen kann. Aber ich tue die ganze Zeit, was ich kann. Und gestern abend, als ich daran dachte, mein Abendgebet zu sprechen, weil gerade Mama in der Nähe war, probierte ich, ob der liebe Gott mir helfen könnte, daß ich für das Konfirmationsgeschenk für Rudolf genug Geld hatte.

»Wie schön, daß es etwas gibt, das Schokoladen-Osterei heißt. Aber warum gibt es eigentlich kein Pfingstei, kein Weihnachtsei, kein Silvesterei und kein Karnelvalsei?«

»Und, lieber Gott«, betete ich, als ich mein Abendgebet abrundete, »sorgst Du bitte auch dafür, daß der Eisladen so lange dichtmacht, bis mein großer Bruder konfirmiert ist? Amen!«

Was hat der Postbote zu Mama gesagt?

Ich und Susanne brauchten heute abend unbedingt zwanzig Kronen. Von Zofia konnten wir einen todschicken Halsschmuck aus fast echtem Bernstein kaufen, weil Zofias Mutter fast echten Schmuck ganz billig verkauft. Aber Mama sagte, sie wollte keine Bettelei um Geld mehr hören. Ich solle warten, bis ich mein Taschengeld kriege, sagte sie.

Also blieb mir nichts anderes übrig, als zu versuchen, bei meinem großen Bruder zwanzig Kronen zu leihen, aber er zeigte mir nur seine leeren Taschen, oder das Geld bei Papa loszueisen. Aber ich wußte, daß es ungeheuer schwer sein würde, weil ich gerade erst vor zwei Tagen Taschengeld gekriegt hatte. Und ich hatte nun wirklich keine Lust, mir sein ganzes Gefasel darüber anzuhören, wofür ich denn nur mein ganzes Taschengeld verbraucht hatte.

Aber dann verriet mir Susanne einen sehr guten Trick. Einen Trick, den Barbara bei ihrem Vater angewandt hatte, und den auch Susanne selbst bei ihrem Vater angewandt hatte. Und jetzt wollte ich es bei Papa versuchen.

»Heute freue ich mich, in die Schule zu gehen. Denn wenn wir nach Hause gehen, sagt unsere Lehrerin: ›Schönes Wochenende!‹«

»Papa«, sagte ich, »gibst du mir zwanzig Kronen?«

»Nix da«, sagte Papa.

»Ah doch, Papa. Susanne hat gerade zwanzig Kronen von ihrem Vater gekriegt. Kriege ich dann nicht auch von dir zwanzig Kronen?«

»Vergiß es!« sagte Papa.

Er machte eine Handbewegung, die bedeutete, daß ich verschwinden sollte. Aber jetzt kam mein Trick.

»Wenn du mir zwanzig Kronen gibst«, sagte ich und flüsterte ihm den Rest ins Ohr, »dann erzähle ich dir auch, was der Postbote, dieser flotte neue, heute morgen zu Mama sagte!«

Papa war plötzlich interessiert. Er legte schnell die Zeitung weg.

»Was sagte er?«

»Erst die zwanzig Kronen.«

Dann kriegte ich die zwanzig Kronen.

»Na, und was hat er gesagt?«

Ich eilte hinüber zur Tür.

»Er sagte: ›Hier ist die Post!‹«

Mein großer Bruder ist jetzt richtig erwachsen

Jetzt ist mein großer Bruder konfirmiert worden. Wir waren alle mit in der Kirche, um zuzugucken, und wir waren so fein angezogen, wie wir nur konnten. Ich hatte mein neues Kleid von Owen an, mit einem ganz schicken Gürtel. Und meinen ganzen Schmuck. Und die schicken neuen Schuhe. Als der Pastor kam und alles anfing, die Orgel spielte und der Chor sang, verfolgten wir gespannt, was passierte. Und Mama war kurz vorm Heulen. Ich sah genau, daß sie eine Spitze ihres Taschentuches oben an den Augen hatte.

Der Pastor sagte etwas zu meinem großen Bruder, und er antwortete. Aber obwohl wir nicht hören konnte, was er sagte, wurde er trotzdem konfirmiert. Also war er wohl etwas Leichtes gefragt worden.

Als wir aus der Kirche gingen, gab der Pastor ihm die Hand, und dann war mein großer Bruder richtig erwachsen.

Er kriegte auch ganz viele Geschenke, und da waren viele dabei, auf die ich neidisch war. Ganz bestimmt beneidete ich ihn um seine neue große Musikanlage. Er bekam auch ein Rennrad mit zwölf Gängen und einem richtigen Tour-de-France-Lenker und schmalen Reifen und ganz ohne Schutzbleche.

Während des Essens wurden einige lange und langweilige Reden gehalten.

Onkel Herbert sagte:

»Wenn jetzt der Ernst des Lebens für dich beginnt, mein Junge«, sagte er, »und du fleißig und strebsam sämtliche acht Arbeitsstunden des Tages arbeitest, ja, dann wirst du auch mit den Jahren etwas dein eigen nennen können und dein eigener Herr sein ... und dann wirst du wohl auch zwölf Stunden am Tag dafür schuften müssen!«

Der letzte, der eine Rede hielt, war unser rei-

»Bobby ist heute in der Hundezeitung, weil er auf der letzten Hundeausstellung lobend erwähnt wurde. Aber was mache ich jetzt bloß, ich hatte ihm doch eine Goldmedaille versprochen?«

cher Onkel Hannibal aus Amerika. Und während er redete, quatschte niemand dazwischen, weil alle gespannt darauf waren, was er zu sagen hatte.

»Und wenn du irgendwann eine helfende Hand brauchen solltest, mein Junge«, sagte er zum Schluß und blickte Rudolf fest in die Augen, »dann denk daran ... denk daran, daß du am Ende deiner Arme jeweils eine hast!«

In alten Tagen hatten es Schüler genauso schwer wie heute

Meine beiden Opas erzählen immer, wie schwer sie es hatten, als sie noch Kinder waren und zur Schule gingen. Auch gestern abend erzählten sie davon, als sie es sich gemütlich gemacht hatten und von alten Tagen erzählten.

»Ich mußte jeden Morgen um fünf aufstehen und die Schafe auf dem Feld hüten«, sagte mein erster Opa. »Und in der Schule war ich dann so müde, daß ich immer kurz vorm Einschlafen war. Aber Lesen, Schreiben und Rechnen habe ich trotzdem gelernt.«

»Und ich hatte sieben Kilometer zur Schule«, erzählte mein anderer Opa. »Und das waren sieben Kilometer bei jeder Art von Wetter. Im Winter mußte ich mich durch Schneewehen kämpfen, die mir bis zur Brust reichten, und das bei beißendem Frost und Schneesturm aus Nordost, der einem durch Mark und Bein ging. Aber hin kam ich

»Ich überlege, wie viele Hunderttausende Treppenstufen dieses hier in nur zehn Jahren erspart!«

immer. Ja, es stimmt schon, Kinder hatten es damals nicht leicht.«

»Und was ist mit mir?« mischte ich mich ein. »Als Papa mich am Montag zur Schule fuhr, hatte er mehr als hundert Meter von der Schule entfernt eine Reifenpanne, und ich mußte das ganze letzte Stück zu Fuß gehen, weil ich keine Zeit mehr hatte, auf den Bus zu warten, damit ich wenigstens eine Haltestelle hätte fahren können!«

In unserer Klasse haben wir eine neue Schülerin, und Fräulein Berner wollte ihren Namen ins Klassenbuch eintragen. Sie hieß Monika und kam wohl von ganz weit her.

»Hast du ältere Schwestern?« fragte Fräulein Berner.

»Nein«, antwortete Monika.

»Oder jüngere Schwestern?«

»Nein.«

»Und Brüder? Hast du ältere oder jüngere Brüder?«

»Nein.«

»Du hast also keine Geschwister in der Schule?«

Monika sah etwas traurig aus, weil sie auf alle Fragen von Fräulein Berner nur mit Nein antworten konnte.

»Nein«, sagte sie. »Aber zu Hause habe ich einen Hamster und einen Wellensittich!«

Der Wolf, der meinen kleinen Bruder fressen wollte

Gestern abend, als mein kleiner Bruder zu Bett gegangen war, Mama ihm eine Gutenachtgeschichte vorgelesen hatte, und er dann eingeschlafen war, löschte Mama das Licht und ging aus dem Zimmer. Da hörten wir plötzlich ein Gebrüll aus dem Zimmer, und mein kleiner Bruder kam laut schluchzend herausgelaufen.

»Ein Wolf!« heulte er. »Da war ein Wolf, der mich fressen wollte. Er stand direkt neben meinem Bett, und alle seine spitzen Zähne schauten weit aus dem Maul heraus.«

Er schmiegte sich ganz eng an Mama und heulte sehr viel.

»Das ist Unsinn, mein Schatz«, sagte Mama. »Das hast du nur geträumt. Es gibt hier überhaupt keine Wölfe, weder im Haus noch draußen vor dem Haus, noch in der ganzen Stadt.«

»Du sollst ihm solche Sachen doch auch nicht vorlesen«, meinte Papa, und dann sagte er, daß der einzige Wolf, den es in der ganzen Stadt gab, draußen im Zoo war, und da war er in einem dicken Eisenkäfig eingesperrt und konnte überhaupt nicht rauskommen. Und er war hundert Kilometer weit weg.

Nach vielem Hin und Her konnte Mama endlich meinen kleinen Bruder wieder ins Bett bringen.

»Ich frage Oma, ob sie auch mit Bobby telefonieren wollte. Und jetzt weiß keiner von ihnen, was er sagen soll!«

Unter der Bedingung, daß die ganze Nacht das Licht eingeschaltet bleiben durfte.

Und dann hörten wir nichts mehr, bis er plötzlich wieder ins Wohnzimmer gestürzt kam, laut und übers ganze Gesicht schluchzend.

»Was ist denn jetzt los, Kind?« fragte Mama.

»In fünf Minuten kommt der Wolf und frißt mich auf«, heulte er und zitterte am ganzen Körper.

»Das ist doch Quatsch. Natürlich tut er das nicht.«

»Doch, das tut er. Denn ich war bei Rudolf im Zimmer und habe ihn gefragt, wie schnell ein Wolf laufen kann, wenn er aus seinem Käfig ausgebrochen ist. Und er sagte, wenn der Wolf sehr ausgehungert sein sollte, daß er dann hundert Kilometer in fünf Minuten laufen kann!«

Jahresfest im Badminton-Club

Als ich heute aus der Schule kam, ging ich zu Mama in die Küche, um meinen Milchkakao und mein Rosinenbrötchen zu futtern. Und wenn ich es mir dann auf dem Küchentisch bequem mache, mag ich gern ein bißchen mit Mama plaudern. Das ist so gemütlich.

»Mama«, sagte ich, »heute in der Schule – nicht? –, da erzählte ich Fräulein Berner, wie wütend du heute morgen auf Papa warst, als er zum Frühstück runterkam. Nur deswegen, weil er gestern beim Jahresfest im Badminton-Club die ganze Zeit mit dieser rothaarigen Frau getanzt

»Natürlich macht es Spaß, seinen Abenteuerspielplatz zu streichen ... Ich weiß aber nicht recht, ob es ›sinnvolle Arbeit‹ ist?«

hatte, die du eine blöde Ziege nanntest. Ich erzählte auch, daß du Papa einen nassen Lappen an den Kopf geworfen hast, so daß die Zeitung weit weg auf den Fußboden fiel.«

Mamas Gesicht wurde ganz blaß und verkehrt.

»Warum, in aller Welt, erzählst du Fräulein Berner das denn alles, dummes Gör?« sagte sie.

Mama sagt nur ›dummes Gör‹, wenn sie wirklich wütend auf mich ist.

»Aber Mama«, verteidigte ich mich, »ich habe es Fräulein Berner doch nur deswegen erzählt, weil sie es nicht wußte!«

Manchmal ist Papa richtig blöde und irritierend und nicht zum Aushalten. So wie heute nachmittag. Als ich, ohne darüber nachzudenken, ihm auf die Art und Weise geantwortet hatte, die er schnippisch nennt, klebte er mir plötzlich eine.

»So«, sagte er streng und hatte tiefe Falten in der Stirn. »Warum hast du jetzt wohl diese Ohrfeige gekriegt?«

Ich verzog mich rückwärts zur Tür, wobei ich mir die Backe rieb, und dann sagte ich wütend:

»Das habe ich gern«, sagte ich. »Erst langst du mir eine, und dann soll ich dir sagen, warum du es getan hast!«

Die letzte Stunde war ganz leicht

Wir haben einen Lehrer an der Schule, Herrn Schou, der ist ganz alt. Ich glaube, daß er vielleicht bald schon mindestens über 45 ist. Er ist unser Physiklehrer. Gestern hatten wir ihn in der letzten Stunde, und als die Pause zu Ende war und wir endlich alle auf unseren Plätzen waren, setzte er sich auf den Stuhl am Lehrerpult und bat um absolute Ruhe.

»Kinder«, sagte er und sah sehr ernst aus. »Hört mal gut zu. Heute hat mein Physiklehrerherz insgesamt 107500 mal geschlagen. In meinen Adern hat mein Flut 170000 Kilometer zurückgelegt. Ich habe 24000 mal ein- und ausgeatmet, wobei ich 430 Kubikmeter mehr oder weniger verunreinigte Luft inhaliert habe. Ich habe 780 primäre Muskeln bewegt, mehr als 6000 Wörter zu meinen unruhigen, unaufmerksamen Physikschülern gesprochen und zehn Millionen Gehirnzellen verbraucht, um ihnen wenigstens das Wichtigste einzuhämmern. Um es kurz zu machen ... ich bin müde! Macht, was ihr wollt, in dieser Stunde, Hauptsache, ihr seid leise ... und haltet absolut die Klappe!«

Ich und mein großer Bruder gehen sonntags manchmal in die Kirche, weil er bald konfirmiert werden soll. Und er sagt, allein ist es für ihn todlangweilig. Letzten Sonntag ging auch mein kleiner Bruder mit, obwohl er immer meint, daß der Pastor zu viel und zu lange redet. Als wir aus der

»Manchmal macht es Spaß, in die Schule zu gehen. Für heute hat Konrad versprochen, seine weißen Mäuse mitzunehmen und sie dann in der Biologiestunde beim neuen Referendar laufen zu lassen ...«

Kirche rausgingen, gab der Pastor meinem kleinen Bruder ein hübsches kleines Buch mit vielen Bildern. Das war eine Kinderbibel für die Kleinen.

Und heute rief der Pastor an und wollte wegen der Konfirmation etwas mit Mama besprechen. Und ich war es, die den Hörer abnahm. Da fragte der Pastor, was mein kleiner Bruder machte und ob er in der Kinderbibel gelesen hätte.

»Doch«, sagte ich. »Die hat er schon längst durch. Und von den neuen Donald-Duck- und Garfield-Heften hat er auch schon mehr als die Hälfte gelesen!«

Darf ich eine gute Geschichte erzählen?

Im Biologieunterricht erzählte uns Herr Lindberg heute etwas über Schnecken – Waldschnecken, Weinbergschnecken und viele andere Schneckenarten. Er erzählte auch, wie Schnecken sich fortbewegen, und meinte, daß es nicht verwunderlich sei, daß man von einem Schneckentempo spreche, wenn etwas sehr langsam ginge.

Da meldete Steffen sich.

»Darf ich eine Geschichte über Schneckentempo erzählen?« fragte er. Steffen kennt so viele Geschichten, und wenn er damit fertig ist, müssen wir fast immer lachen.

»Meinetwegen«, sagte Herr Lindberg. »Aber sie muß gut sein.«

»Wenn man einen großen Panzer auf dem Rücken hätte, so wie eine Schildkröte ... Mann, würde das Spaß machen, dann Verstecken zu spielen!«

»Ja«, sagte Steffen. »Also, es war eine Schnecke, die kroch zu einem großen Pflaumenbaum. Und dann begann sie den Baum hinaufzuklettern. Als sie nach sehr langer Zeit den Stamm ein kleines Stück hinaufgekrochen war, ja, da kam eine Hummel angeflogen.

›Hej!‹ sagte die Hummel. ›Wo willst du denn so schnell hin?‹

›Ich?‹ sagte die Schnecke und fuhr ihre Augenstengel aus. ›Ich will mir nur da oben die Pflaumen ansehen. Pflaumen gehören zum Besten, was ich kenne.‹

›Aber‹, meinte die Hummel, ›die Pflaumen sind doch noch gar nicht reif!‹

›Natürlich nicht‹, antwortete die Schnecke. ›Aber bis ich ganz oben bin, sind sie es!‹«

Herr Lindberg erzählte uns, daß der schwarze Panther zu den schnellsten Tieren der Welt gehört. Und auch die afrikanische Gazelle ist sehr schnell. Und die Kängeruhs unten in Australien können in vollem Lauf acht Meter springen.

»Kennt ihr Beispiele für andere sehr schnelle Tiere?« fragte er.

Steffen hatte eins.

»Ja«, sagte er. »In einem Donald-Duck-Heft, das ich gerade gelesen habe, steht, daß die Hunde in der Sahara sehr schnell sind, weil es da fast keine Bäume gibt. Sie müssen mindestens so schnell wie eine Rakete laufen, wenn sie einen Baum suchen, an dem sie ihr Bein heben können!«

Wir lieben Zirkus

Ich und meine beiden Brüder hatten von Opa Geld gekriegt, um in den Zirkus zu gehen. Wir lieben Zirkus. Mein kleiner Bruder will ein berühmter Clown werden, wenn er groß ist. Dann hat er das Gesicht ganz weiß geschminkt und trägt einen langen, spitzen Hut und einen Anzug, der glitzert und leuchtet, wenn das Licht darauf fällt. Und mein großer Bruder träumt davon, ein berühmter Zauberkünstler zu werden, der Frauen durchsägen und sie wieder zusammensetzen kann, und der ein kleines Lamm in einem Käfig in einen fauchenden Tiger verwandelt, wenn er den Samtvorhang wegzieht. Und ich möchte gern eine sehr geschickte Seiltänzerin werden, oder auch eine Frau, die in einem todschicken Kostüm, besetzt mit Gold und Silber, im Takt zur Musik auf einem weißen Pferd reitet.

Bevor wir losgingen, gab Opa uns noch Geld für Süßigkeiten. Denn wenn man im Zirkus ist, dann hat man ganz von selbst einen erhöhten Verbrauch an Süßigkeiten. Das haben alle Kinder. Wir sind also in keinster Weise unnormal.

Opa fragte, was ich für mein Geld kaufen wollte.

»Popcorn«, sagte ich. »Und ein Riesen-Harlekin-Eis, eine Yoggi-Stange, Lakritzen, eine rote Candy-Stange, eine Tüte Nougatbonbons und ein ...«

Aber dann konnte ich Opa ansehen, daß er vielleicht nicht ganz damit einverstanden war, wenn ich sein Geld auf diese Weise ausgab.

»Mama sagt immer, daß Bobby am Tisch nicht betteln soll, aber er tut es nun mal so lieb ... auch wenn ich einen Limonaden-Shake habe, den er einfach nicht vertragen kann!«

»Und wenn ich es kriegen kann«, sagte ich schnell, »dann kaufe ich mir auch eine Möhre, weil Möhren ganz einfach gut sind für meine Zähne!«

Heute im Religionsunterricht erzählte uns Fräulein Abrahamsen von den Missionaren, die früher in fremde Länder kamen, um die wilden Menschenfresser zu bekehren.

»Was ist bekehren?« fragte Lizette.

»Das bedeutet, die Wilden von ihrem primitiven Glauben abzubringen und sie für das Christentum zu gewinnen.«

»Ach so«, sagte Lizette. »Ich dachte schon, sie sollten ab sofort nur noch vegetarisch essen!«

Gestern ist Pipsi gestorben

Gestern ist mein Wellensittich Pipsi gestorben, weil er von der Stange in seinem Käfig fiel, die Beine in die Luft streckte und ganz tot war. Ich zerbrach ganz vor Trauer, und es half auch nicht, daß Mama mich tröstete und sagte, daß ich ja noch Kiki hätte, meinen zweiten Wellensittich. Ich zerbrach weiter. Aber dann sagte Papa, daß wir Pipsi hinten im Garten begraben könnten. Und dann überredeten wir meinen großen Bruder, ein kleines Kreuz zu zimmern, auf das er mit schönen, ernsten Graffiti-Buchstaben schrieb: RUHE SANFT, PIPSI. Und mein kleiner Bruder brachte eine leere Zigarren-

»Ich selbst bin hundertprozentig sicher, daß mein Teddy die Grippe hat. Aber wenn ich jetzt den Notarzt anrufe, ob er sich dann auch sicher ist?«

kiste, in der wir Pipsi begraben durften. Und mit seiner kleinen Schaufel grub er ein Grab.

»Kommen Wellensittiche in den Himmel, wenn sie sterben?« fragte er.

»Ja«, sagte ich, obwohl ich eigentlich gar keine Lust hatte zu antworten, weil ich immer noch an meiner Trauer zerbrach.

»Ja, aber, Charlotte«, sagte er, als ich anfing, Blumen zu pflücken, um sie aufs Grab zu legen. »Ist der liebe Gott dann nicht enttäuscht, wenn er sieht, daß nur ein toter Wellensittich in der Zigarrenkiste ist und gar keine Zigarren?«

Susanne erzählte mir heute von einem lustigen Spiel, das sie und Lizette mit ihrer Mutter gemacht hatten. Und jetzt wollten ich und mein kleiner Bruder es auch mit unserer Mama machen.

»Mama«, sagten wir und krabbelten auf dem Fußboden in der Küche herum, wobei jeder von uns einen Arm vor sich in die Luft reckte, so als wäre es ein Rüssel. »Hast du Lust mitzumachen? Wir spielen gerade so schön!«

»Na, was spielt ihr denn?« fragte Mama.

»Kannst du das denn nicht erkennen? Wir spielen Elefanten im Zoo!«

»Na gut, aber dabei kann ich nun wirklich nicht mitspielen!«

»Doch, das kannst du, Mama«, sagte mein kleiner Bruder. »Du kannst ein Tierpfleger sein, der uns Peanuts und Rosinensnacks und Popcorn zuwirft ... von denen, die für die Gäste heute abend bestimmt sind!«

Mama hat keine Ahnung von Kindererziehung

Manchmal mag ich es, abends ganz gemütlich mit Papa zu plaudern. Das ist einfach sehr schön. Auch gestern abend unterhielten wir uns ganz gemütlich. Alles mögliche erzählte ich Papa. Auch aus der Schule und so weiter. Aber dann kam Mama ins Wohnzimmer, blickte auf die Uhr und sagte:

»Bettzeit! Denk daran, daß du morgen wieder früh aufstehen mußt. Es ist schon weit nach halb zehn!«

Dann ging sie wieder in die Küche, und ich konnte es nicht lassen, zu Papa zu sagen, nachdem wir beide es gerade so gemütlich gehabt hatten:

»Nein also, Papa! Mama hat ja nun wirklich überhaupt keine Ahnung von Kindererziehung!«

»Wie meinst du das?« wollte Papa wissen.

»Doch«, sagte ich. »Siehst du denn nicht, wie schwachsinnig das ist? Wenn ich abends hellwach bin, jagt Mama mich ins Bett. Und morgens, wenn ich wie ein Stein schlafe, dann jagt sie mich immer aus dem Bett!«

Mein kleiner Bruder kam mit einem ganz neuen Pfadfindermesser hereingerast, er hatte es draußen auf dem Gehsteig gefunden, ganz nahe am Zaun.

»Papa!« rief er aufgeregt. »Guck mal, was ich gefunden habe! Darf ich das behalten? Ich habe

»Es müßte so sein, daß man die richtigen Antworten auf die Fragen der Lehrer in einen Computer eingeben könnte ... um sie dann jeden Tag einfach zur Schule schicken zu können!«

mir schon immer ein richtiges Pfadfindermesser gewünscht!«

Papa fragte, wo er es denn gefunden hätte. Und mein kleiner Bruder berichtete, daß er es draußen auf dem Gehsteig gefunden hätte. »Es lag fast ganz unter unserer Hecke«, sagte er.

»Darf ich es dann nicht behalten?« fragte er.

»Bist du ganz sicher, daß es ein Pfadfindermesser ist, das jemand verloren hat?«

»Ja, Papa, ganz sicher. Ich habe selbst gesehen, wie ein Mann und ein Junge auf der anderen Straßenseite nach etwas gesucht haben. Guck mal raus, die suchen immer noch!«

Mein kleiner Bruder ist jetzt so groß, daß er mit Bobby Gassi gehen kann

Mein großer Bruder geht fast jeden Tag mit Bobby raus, wenn er Gassi muß. Manchmal tu ich das auch, aber nicht besonders gern, weil Bobby so groß und stark ist und ich ihn kaum festhalten kann, wenn eine fremde Katze kommt, die er nicht besonders mag und die von der Straße gejagt werden muß.

Mein kleiner Bruder ist noch zu klein, um Bobby auszuführen. Aber gestern durfte er es doch einmal probieren. Weil er es ja lernen muß. Ich folgte in einigem Abstand, um zu sehen, wie es ging. Bis zur nächsten Straßenecke ging es gut,

»Jeden Abend lese ich meinem Teddy etwas vor, aber gleichzeitig lese ich auch mir selbst etwas vor.«

denn es kam keine einzige Katze, auf die Bobby wütend werden konnte.

An der Ecke blieben mein kleiner Bruder und Bobby kurz stehen. Und dann kam Frau Schumann aus Nummer 12 vorbei.

»Na, Martin«, sagte sie, »darfst du heute Bobby ausführen? Welchen Weg wollt ihr denn?«

»Das weiß ich noch nicht ganz genau«, sagte Martin. »Ich warte, in welche Richtung Bobby mich zieht, und dahin gehen wir dann!«

Es war schon weit über die Bettzeit meines kleinen Bruders hinaus. Es war schon so weit darüber hinaus, daß es schon fast in meine eigene Bettzeit hineinreichte. Aber keiner von uns war müde, wir liefen herum und alberten und spielten Verstekken und so etwas. Bis mein kleiner Bruder plötzlich mit seinen bloßen Füßen an einen Bettpfosten stieß und ganz laut heulte.

»Was ist denn passiert?« wollte Mama wissen.

»Mein Zeh!« heulte er. »Ich habe mich gestoßen!«

Mama nahm ihn auf den Arm.

»Dann puste ich mal drauf«, sagte sie. »Das hilft. Welcher ist es denn?«

»Der jüngste«, schniefte mein kleiner Bruder.

Mein kleiner Bruder weiß, wo er geboren ist

Als mein kleiner Bruder heute aus dem Kindergarten nach Hause kam, fragte Mama ihn, ob er etwas Besonderes erlebt hatte. Das fragt sie ihn jeden Tag. Und wenn ich aus der Schule komme, fragt sie mich auch, und sie möchte am liebsten, daß wir jeden Tag etwas Besonderes erlebt haben. Aber mein kleiner Bruder hatte nichts erlebt. Erst als er ein bißchen nachgedacht hatte.

»Doch, übrigens«, sagte er dann. »Fräulein Yvonne fragte uns alle, wo wir geboren sind. Aber daran konnte ich mich nicht so richtig erinnern. Doch das war auch egal, denn Fräulein Yvonne brauchte es sowieso nicht für etwas Bestimmtes. Es war eigentlich nur, weil wir ja über irgend etwas reden mußten, nicht?«

»Aber du weißt doch ganz genau, daß du im Kreißsaal des Kreiskrankenhauses geboren bist.«

»Ja, das wußte ich eigentlich schon, aber das war auch bei sechs oder acht anderen so. Und daher wollte ich lieber einen etwas interessanteren Ort nennen.«

»Und was hast du dann gesagt?«

»Ich sagte, daß ich zwischen der ersten und der zweiten Halbzeit im Fußballstadion geboren bin!«

Es ist nicht immer so, daß ich in der Schule etwas Richtiges lerne. Aber heute lernte ich endlich

»Natürlich kann man auch in den Ferien manchmal die Schule vermissen ... es ist so schön, wenn es zur Pause klingelt!«

etwas, das ich nicht wußte. Ich erzählte es Mama, als wir nach der Schule gemütlich in der Küche saßen und ich meinen Kakao und mein Rosinenbrötchen vor mir hatte.

»Mama«, sagte ich, »weißt du, daß der Mann, der Methusalem hieß, der älteste Mensch auf der ganzen Welt war?«

Das hatte Mama schon gehört.

»Weißt du auch, daß er neunhundert Jahre alt wurde?«

Das wußte Mama nicht so genau.

»Aber ist das nicht phantastisch, Mama, dann hat er ja neunhundertmal Geburtstag gehabt ... und neunhundertmal Weihnachten gefeiert. Ich möchte gern wissen, was aus all seinen Geschenken geworden ist!«

Ich habe gerade meine Kaugummi-Periode

Es ist merkwürdig mit Oma, aber manchmal stört sie schon eine klitzekleine Kleinigkeit. So wie gestern abend. Wir saßen vorm Fernseher und fühlten uns alle wohl. Papa hatte seine Abendzigarre. Mama und Oma hatten ihren Kaffee, und ich, ich hatte meinen Bubble-Kaugummi. Manchmal kann ich stundenlang auf einem Kaugummi herumkauen und ihn wie eine Schnur weit aus dem Mund herausziehen und wieder in den Mund

»Jetzt habe ich für alle meine Teddys und Puppen und Schmusetiere eine Gutenachtgeschichte gelesen ... und jetzt ist keiner von uns mehr müde!«

hineinkauen, so wie man es eben macht, wenn man Kaugummi kaut.

Aber plötzlich fühlte Oma sich dadurch gestört und sagte sehr ärgerlich:

»Nein, also Kind«, sagte sie, »diese Kauerei halte ich nun wirklich nicht mehr aus! Jetzt bin ich schon fast siebzig, und noch nie habe ich ein Stück Kaugummi in meinem Mund gehabt.«

Ganz schnell steckte ich das Kaugummipäckchen ein.

»Aber hiervon kriegst du nix!« sagte ich.

Ich und Papa waren heute auf dem Fußballplatz, um Rudolf bei einem sehr wichtigen Spiel zuzusehen. Aber sie hatten einen sehr starken Gegner, und sie wurden regelrecht verhauen. Die ganze Zeit knallten die anderen mit einigen richtigen Kanonenschüssen den Ball ins Tor, und Rudolfs Mannschaft, der wir natürlich die Daumen drückten, ich und Papa, konnte kein einziges Tor schießen.

Ich hatte großes Mitleid mit Rudolf, weil er sich so gefreut hatte, daß ich und Papa als Zuschauer kamen. Aber was ich an meinem großen Bruder mag, das ist, daß er niemals aufgibt. Er gab auch in der zweiten Halbzeit nicht auf, als es fünf Minuten vor Schluß 17:0 für die anderen stand.

Ich hörte es selbst, wie er als Mannschaftsführer dem Schiedsrichter zurief:

»He, Schiri!« rief er und zog seine Schienenbeinschützer gerade. »Wenn wir ein Unentschieden schaffen, wird das Spiel dann verlängert?«

Ein langer, blöder und langweiliger Sonntag

Es war ein sehr langer und blöder und langweiliger Sonntag. Keiner von uns hatte richtig etwas zu tun. Mein großer Bruder mußte nicht zum Fußballspielen, und ich hatte auch nichts Besonderes vor. Im Fernsehen gab es nichts, was Mama und Papa interessierte, und mein kleiner Bruder hatte sich den ganzen Tag unmöglich benommen, weil seine Spielkameraden nicht zu Hause waren und weil es unter seinen Spielsachen überhaupt nichts gab, womit er spielen mochte. Papa schimpfte mehrmals mit ihm, weil er nichts als Unfug machte und wirklich ganz unmöglich war.

Aber dann machte Mama einen Vorschlag.

»Weißt du was?« sagte sie zu Papa. »Der Junge langweilt sich, weil er sich nichts Vernünftiges vornehmen kann. Aber ich habe eine Idee. Warum gehst du nicht mit ihm in den Zoo? Es ist lange her, daß ihr im Zoo wart.«

»Kommt überhaupt nicht in Frage«, fauchte Papa und blickte zu meinem wütenden kleinen Bruder hinüber. »Wenn die Leute im Zoo ihn wirklich haben wollen, dann sollen sie ihn aber auch selbst abholen!«

Als ich und Mama heute meinen kleinen Bruder im Kindergarten abholen wollten, saß er in einer Ecke und schämte sich. Er hatte keinen Kakao und

»Manchmal meine ich, daß es Spaß machen würde, genau wie die Affen in einem Baum zu wohnen. Ob die Affen aber auch denken, daß es Spaß machen würde, so wie ich in einem Haus zu wohnen?«

auch keinen Saft bekommen, dafür aber Spielverbot.

»Was hast du angestellt?« fragte Mama wütend.

»Gar nichts«, antwortete er. Aber dann sagte Mama, daß sie ins Büro gehen und Fräulein Yvonne fragen würde, was losgewesen war, wenn er es nicht selbst erzählen würde.

»Ich habe nur einen Regenwurm in Hannelores Mund gesteckt«, sagte mein kleiner Bruder.

»Ja, aber, warum, in aller Welt, hast du das denn getan?« fragte Mama entgeistert.

»Weil er offenstand«, murmelte mein kleiner Bruder.

Mama schüttelte verzweifelt den Kopf.

»Aber deswegen steckt man doch keinen Regenwurm hinein!« sagte sie.

»Doch«, sagte mein kleiner Bruder trotzig. »Wir spielten nämlich Vogelnest!«

Weiche Hähnchenhaut mögen wir nicht

Wenn wir bei Oma essen, gibt es manchmal gebratenes Hähnchen, weil wir das beide, also ich und mein kleiner Bruder, gerne mögen. Aber die Haut von dem Hähnchen mögen wir nicht, wenn sie nicht schön braun und kross gebraten ist, sondern aussieht wie eine Gänsehaut, wie wir sie auch an den Armen kriegen, wenn wir zu lange im Wasser gewesen sind und frieren. Und eine solche labberige Haut mögen weder mein kleiner Bruder noch ich.

Gestern, als es bei Oma gebratenes Hähnchen gab, sagte Oma:

»Jetzt eßt auch die schöne Haut, Kinder.«

Und dann fragte ich:

»Hast du auch die Haut gegessen, als du noch Kind warst, Oma?«

»Ja, natürlich habe ich die gegessen«, sagte Oma. »Die Haut war das Beste von allem!«

Da sagten ich und mein kleiner Bruder wie aus einem Mund:

»Dann darfst du gerne meine haben, Oma!«

In der Religionsstunde heute in der Schule erzählte uns Fräulein Abrahamsen über Noah und die Arche Noah und alle Tiere, und sie erzählte uns auch, wie das Wasser stieg und stieg, als sie auf dem Weg zum Berge Ararat waren. Und dann fragte Henriette, die immer fragt, anstatt selbst zu denken, was Noah eigentlich die ganze Zeit machte, während sie alle unterwegs waren. Und Fräulein Abrahamsen antwortete, daß er sicherlich genug damit zu tun gehabt hatte, alle mitgeführten Tiere zu füttern.

»Ja«, sagte Henriette und begann plötzlich selbst zu denken. »Und wenn überall auf der Erde so viel Wasser war, könnte es doch auch sein, daß er in seiner Freizeit geangelt hat, oder?«

Doch da mischte ich mich endgültig ein.

»Sag mal, bist du denn ganz bescheuert?« sagte ich und drehte mich zu Henriette um. »Angeln! Mit nur zwei Würmern als Köder!«

»Jeden Abend lese ich für Bobby eine Hundegeschichte. Was wohl passieren würde, wenn ich ihm eines Abends eine Katzengeschichte vorlesen würde?«

Pjevs hat Junge gekriegt

Also, Mann! Das war vielleicht spannend, denn meine Katze Pjevs ist über längere Zeit immer dikker und dicker geworden. Und das nicht, weil sie zuviel gefressen hat, oder weil wir ihr zu große Portionen Katzenfutter gegeben haben, oder zuviel Milch oder so etwas. Papa sagte, daß das ein »unverkennbares Zeichen dafür ist, daß Pjevs eine Katze und kein Kater ist, also dem schwachen Geschlecht angehört und in einer lauen Mondnacht schwach geworden ist!« Sagt Papa.

Pjevs sollte ganz einfach nur Junge kriegen, und darauf freute ich mich sehr. Und mein großer und mein kleiner Bruder ebenso.

Und jetzt ist es passiert.

Es passierte gestern, und ich war es, die es zuerst bemern, was Noah eigentlich die ganze Zeit machte, während sie alle unterwegs waren. Und Fräulein Abrahamsen antwortete, daß er sicherlich genug damit zu tun gehabt hatte, alle mitgeführten Tiere zu füttern.

»Ja«, sagte Henriette und begann plötzlich selbst zu denken. »Und wenn überall auf der Erde so viel Wasser war, könnte es doch auch sein, daß er in seiner Freizeit geangelt hat, oder?«

Doch da mischte ich mich endgültig ein.

»Sag mal, bist du denn ganz bescheuert?« sagte ich und drehte mich zu Henriette um. »Angeln! Mit nur zwei Würmern als Köder!«

»Ich und meine Katze Pjevs verstecken uns vor meinem kleinen Bruder ... und vor den kleinen Katzenkindern von Pjevs!«

Nicht so sehr, wenn der Wagen in der Garage steht, aber wenn wir losfahren wollen, dann ist immer irgend etwas kaputt.

Während Papa herumwurschtelte und die Zündkerzen wechselte und die Batterie aufladen wollte und so, fragte ich Mama:

»Mama«, fragte ich, »was passiert eigentlich mit einem Auto, wenn es so alt ist, daß es überhaupt nicht mehr fahren kann?«

»Dann gibt es garantiert jemanden, der das Auto kurz ein wenig überlackiert ... und es dann deinem Vater verkauft!«

Am Nordpol gibt es keine Pinguine

Ich konnte Mama etwas Schönes zeigen, als ich heute aus der Schule kam.

»Sieh mal, Mama«, sagte ich und zeigte ihr eine große Feder. »Das ist eine Feder von einem richtigen Königspinguin. Sie ist von dem ausgestopften Königspinguin in der Schule herausgefallen. Und Herr Lindberg sagte, daß derjenige von uns sie behalten dürfe, der die richtige Antwort wüßte.«

»Oh, ist die aber schön weich«, sagte Mama und strich über die Feder. »Und was hat er euch dann gefragt?«

»Wir sollten sagen, wo die Pinguine leben, und ich antwortete, daß sie ganz weit weg südlich in Südafrika wohnen.«

»Aber das stimmt doch nicht, Kind«, meinte

»Eine leckere Knabbermöhre schmeckt am allerbesten, wenn Mama sagt, daß ich sie liegenlassen soll, weil sie sie für das Mittagessen braucht!«

Mama. »Sie leben doch in der Antarktis, am Südpol.«

Ich nahm meine Feder wieder an mich.

»Ja, das weiß ich doch ... jetzt. Aber ich war trotzdem diejenige, die am nächsten lag. Denn alle anderen sagten Grönland und Nordpol und Alaska und solche Stellen!«

Mein kleiner Bruder beobachtete Oma ganz genau, als sie sich heute besonders fein machte, weil sie Gäste erwartete. Sie saß vor dem Spiegel und schmierte sich Reinigungscreme über das ganze Gesicht. Und als sie damit fertig war, nahm sie ein paar Reinigungstücher und trocknete alles wieder ab. Und mein kleiner Bruder sah sich ihr Gesicht ganz genau an, bis er dann sagte:

»Wenn ich du wäre, Oma, dann hätte ich es auch wieder abgetrocknet. Ich sehe ja, daß es nichts gebracht hat. Es sind immer noch genau so viele Falten wie vorher.«

Und dann hatte er eine gute Idee:

»Oma«, sagte er. »Soll ich runter in den Hobbykeller laufen und Opas neue Spachtelmasse holen? Opa sagt, die deckt alles!«

Unsere Vögel in Wald und Flur

In der Schule haben wir bisher noch keine langen Aufsätze geschrieben, aber vor einigen Tagen sagte Fräulein Berner, daß wir jetzt so weit wären, daß wir einen einfachen Aufsatz schreiben könnten.

Wir sollten über die Fernsehsendung schreiben, die uns am allerbesten gefiel. Aber wir durften nicht über die Muppets schreiben, denn wenn sie uns erlauben würde, über die Muppets zu schreiben, die zweimal in der Woche im Fernsehen zu sehen sind, dann würden wir alle über nichts anderes schreiben als über die Muppets in der Muppet Show mit Kermit und Miß Piggy und all den anderen. Und so viele Aufsätze über das gleiche Fernsehprogramm wollte Fräulein Berner nicht nachgucken. Dazu hatte sie keine Lust. Sagte sie.

Statt dessen schrieb ich also einen Aufsatz über eine Kindersendung mit dem Titel ›Unsere Vögel in Wald und Flur‹. Das ist eine Sendung über Vögel.

Ich schrieb meinen Aufsatz so:

»Von allen Kindersendungen im Fernsehen mag ich am liebsten ›Unsere Vögel in Wald und Flur‹, denn wenn die zu Ende ist, dann gibt es die Muppet Show!«

Wenn ich krank bin oder erkältet oder es mir sonst irgendwie nicht gutgeht, werde ich immer mit Medizin vollgestopft. Und so war es auch, als ich jetzt eine Halsentzündung hatte. Da sollte ich dreimal täglich etwas nehmen, das hieß Cellipillin. Ich weiß nicht, ob ich das richtig geschrieben habe, aber es ist eine solche Art Cellipillin, das dafür sorgen soll, daß ich keine Temperatur mehr habe und nicht mehr schwitze.

Als ich das letzte Mal eine Halsentzündung hatte, mußte ich auch einen sehr starken Husten-

»Wer sagt eigentlich, daß es sich für Mädchen nicht gehört, in Bäume zu klettern?«

saft schlucken, den ich nicht mochte, weil er wie konzentrierter Teer schmeckte.

»Nein, Mama«, sagte ich, als Mama mit dem Hustensaft ankam und etwas davon auf einen Löffel tat. »Ich will den einfach nicht haben.«

»Aber Kind«, sagte Mama. »Du *mußt* ihn schlukken. Man kann an einer Halsentzündung sterben, wenn man seine Medizin nicht nimmt.«

»Ich sterbe ganz bestimmt nicht!« sagte ich. »Wenn Papa in zwei Stunden nach Hause kommt, wird er schon dafür sorgen, daß ich sie nehme!«

Ich bin keine Mistziege!

Ich hatte vor lauter Wut geheult, als ich zu Mama in die Küche kam. Mein Kleid war schmutzig, und ich hatte mir das eine Knie so aufgeschlagen, daß es blutete.

»Ja, was hast du denn bloß gemacht, Kind?« fragte Mama erschrocken.

Dann tupfte sie mit einem Stück von der Küchenrolle das Blut von meinem Knie.

»Wir spielten gerade so schön im Garten«, erzählte ich. »Aber dann kam Konrad und wollte mitspielen. Aber ihn wollten wir nicht dabeihaben, weil er immer so blöd ist. Und da rief er, daß ich eine Mistziege bin. ›Du bist eine Mistziege, eine Mistziege, eine Mistziege!‹ rief er.«

Aber da wurde ich richtig wütend, und dann – plötzlich ging ich auf ihn los, obwohl er viel größer ist als ich. Ich trat ihn gegen das Schienbein

»Ich schreibe für Bobby einen Wunschzettel für seinen Geburtstag. Bis jetzt hat er sich zehn Zeilen Knochen gewünscht.«

und warf ihn auf die Erde, und biß ihn in die Hand, und setzte mich auf seinen Bauch und drehte ihm den Arm um, und das tat ich so lange, bis er rief: ›Du bist eine Dame, eine Dame, eine Dame!‹«

Manchmal bringe ich jemanden aus der Schule mit nach Hause. Gestern war es ein Mädchen, das noch nie bei mir zu Hause gewesen war. Es war Anette, die auch in meine Klasse geht.

Mama will immer wissen, was mit meinen Klassenkameradinnen los ist. Ich glaube nicht, daß sie es gut finden würde, wenn ich die Dümmsten mit nach Hause bringen würde. Aber das tu ich auch nicht.

»Na, Anette«, sagte Mama gestern, als wir beide ein großes Glas von Mamas bestem selbstgemachtem Saft getrunken hatten. »Wie läuft es denn so in der Schule?«

»Da geht alles bestens«, sagte Anette. Sie hätte lieber über etwas anderes geredet. Aber dann half ich ihr etwas.

»Anette ist die Nummer eins in der Hälfte der Klasse, die zur zweitbesten Hälfte gehört«, sagte ich.

Siehst du mal nach, ob es regnet?

Mein großer Bruder kann manchmal so richtig blöd und faul sein, und dann hat er zu überhaupt nichts Lust, und er hat dann erst recht keine Lust, etwas für seine jüngeren Geschwister zu tun, für mich und meinen kleinen Bruder. Gestern abend saßen wir alle drei zusammen im Wohnzimmer. Ich und mein kleiner Bruder sahen einen ganz wichtigen Zeichentrickfilm im Fernsehen. Und mein großer Bruder hatte die Beine gemütlich auf einen Beistelltisch gelegt, auf den wir unsere Beine überhaupt nicht legen dürfen. Er saß ganz hinten an der Tür zum Flur. In Papas Sessel.

Ich mußte eigentlich zum Abendtraining, aber Mama hatte gesagt, daß ich zu Hause bleiben sollte, wenn es regnete.

»Rudolf«, sagte ich. »Siehst du bitte mal nach, ob es draußen regnet?«

Schließlich saß er ja direkt an der Tür, oder? Aber erst als ich das zweite Mal gefragt hatte, antwortete er:

»Du brauchst doch nur Bobby hereinzurufen und nachzusehen, ob er naß ist!« sagte er, ohne von seinem Space Magazine aufzublicken.

Mein kleiner Bruder war drüben bei Frau Schmidt gewesen, um sich ihr neues Baby anzusehen. Er war sehr enttäuscht, als er nach Hause kam.

»Das neue Baby hat die ganze Zeit nur geweint«, sagte er. »Und er schrie auch, so laut er konnte, als seine Mutter ihn auszog, um ihm eine neue Serviette zu geben und ihn im Hintern zu salzen, oder so etwas, jedenfalls hatte sie eine Streudose in der Hand. Er heulte und heulte und heulte, jedenfalls die ganze Zeit, die ich drüben war. So ein blödes, kleines Gör!«

»Jetzt mach aber mal einen Punkt!« sagte ich

»So ... jetzt bin ich endlich fertig mit dem Aufräumen. Ganz ehrlich! Und man sieht ja auch deutlich, daß es etwas gebracht hat!«

und versuchte, Frau Schmidts neues kleines Baby zu verteidigen, das ich selbst ganz furchtbar süß finde. »Du würdest ganz bestimmt auch weinen, wenn du keine Zähne hättest, und auch keine Haare, und wenn deine Beine so weich wären, daß du nicht damit gehen kannst; und wenn du nichts anderes zu essen kriegen würdest als etwas lauwarme Milch, die direkt durch- und am anderen Ende wieder herausläuft!«

Papa und mein kleiner Bruder wissen alles

Manchmal gibt mein kleiner Bruder gegenüber seinen Spielkameraden mit unserem Papa an, weil unser Papa so viel weiß.

Heute nachmittag habe ich es selbst gehört, wie er gegenüber Henrik, Lizette und Sarawagi und Herberts Hund unheimlich am Angeben war.

»Ich und mein Papa wissen alles auf der Welt!« prahlte er.

Aber das wollte Sarawagi nun doch nicht so richtig glauben. Sie kommt aus einem Land weit weg unten in Afrika oder so, und sie weiß manchmal etwas, das viele von uns nicht wissen.

»Wenn ihr wirklich alles wißt«, sagte sie, »wo liegt dann die Wüste Kalahari?«

Aber das schaffte mein kleiner Bruder spielend.

»Die Wüste Kalahari«, sagte er. »Das ist etwas von den Dingen, die mein Papa weiß!«

»Bobby liebt es, wenn ich unangemeldet zu Besuch komme. Obwohl es in seiner kleinen Ein-Zimmer-Wohnung ganz schön eng werden kann!«

Heute im Biologieunterricht erklärte uns Herr Lindberg, daß es trotz allem einen großen Unterschied zwischen Menschen und Tieren gibt. Tiere, die können alles, was sie können müssen, um genau das Tier zu sein, das sie sein sollen – aber mehr eben nicht. Manche Tiere können zum Beispiel nicht das, was andere Tiere können. Ein Affe kann in Bäumen herumklettern. Und ein Vogel kann fliegen. Aber ein Elefant kann nicht in Bäumen klettern, und ein Maulwurf kann nicht fliegen.

Aber der Mensch. Der kann alles. Er kann fliegen und einen Tunnel durch die Erde bauen, und in Bäumen klettern und diese fällen, und den Regenwald zerstören und aus den Bäumen gute Sachen machen.

»Die Menschen können einfach alles«, sagte Herr Lindberg.

»Das ist auch gelogen«, sagte Kristoffer, aber nur ganz leise. Herr Lindberg hörte es trotzdem.

»Kristoffer, hast du etwas gesagt?«

»Ich sagte nur, daß die Menschen nicht alles können. Wenn du das glaubst, dann versuch mal, ein Streichholz an einem nassen Stück Seife anzuzünden!«

Man soll nicht immer Süßigkeiten kaufen

Unsere alte Tante Constanze war zu Besuch, und wenn Tante Constanze zu Besuch ist, dann gibt sie uns auch immer etwas Geld, aber vorher müssen ich und mein kleiner Bruder immer erst auf ihrem Schoß sitzen. Mein großer Bruder kriegt sein Geld, ohne auf ihrem Schoß sitzen zu müssen.

Aber Tante Constanze mag es nicht, wenn wir unser ganzes Geld für Süßigkeiten ausgeben. Und gestern, als Tante Constanze mir zwanzig Kronen gegeben hatte, fragte sie, was ich denn jetzt mit dem vielen Geld anfangen wollte.

»Ich glaube, ich laufe zum Kiosk und kaufe mir ein großes Amerikaner-Eis und ein paar Lakritzen!« sagte ich.

»Meinst du nicht, es wäre eine viel bessere Idee, es den armen Kindern unten in Afrika zu spenden?« meinte Tante Constanze. Ich glaube, sie sagte es, um mich zu prüfen, was ich wohl darauf antworten würde.

Ich dachte auch ein wenig darüber nach.

»Doch, das ist auch eine gute Idee, liebe Tante«, sagte ich. »Aber ich glaube trotzdem, daß ich lieber zum Kiosk laufe und mir ein Amerikaner-Eis und ein paar Lakritzen kaufe. Dann soll doch der Kioskbesitzer das Geld zu den armen Kindern in Afrika schicken!«

»Heute feiert Bobby seinen ersten Geburtstag. Aber er will erst die Geschenke sehen, bevor er die Kerzen auspustet!«

Als heute in der Schule die letzte Stunde zu Ende war, wartete ich noch einen Augenblick, bis alle anderen gegangen waren. Dann ging ich zum Lehrerpult, wo Fräulein Berner gerade alle ihre Bücher zusammenpackte, damit sie auch nach Hause gehen konnte.

»Fräulein Berner«, sagte ich, »kannst du mir bitte noch einmal sagen, was ich heute in der Schule gelernt habe?«

»Was du gelernt hast?« antwortete Fräulein Berner. »Ich hoffe doch, daß du dasselbe gelernt hast wie alle anderen in der Klasse. Aber warum willst du das wissen?«

»Von hier gehe ich jetzt gleich zu meiner Oma. Und das erste, was sie fragt, wenn ich zur Tür hereingekommen bin, das ist immer: ›Na, Charlotte, was hast du denn heute in der Schule gelernt?‹«

Mama, kannst du dich an die alte französische Vase erinnern?

Ich kam zu Mama in die Küche, sie war gerade am Kochen. Und ehrlich gesagt, wußte ich nicht so richtig, wie ich ihr das erzählen sollte, was ich ihr erzählen wollte. Daher wollte ich erst feststellen, ob sie gut gelaunt war.

»Mensch, Mama«, sagte ich und versuchte, sehr begeistert zu klingen. »Du machst ja herrliches Essen. Das kannst du aber wirklich gut, Mama!«

Das mochte Mama gern hören, und dann sagte ich:

»Übrigens, Mama, kannst du dich an die alte französische Vase erinnern? Die, auf der Napoleon und seine Frau drauf sind? Die, von der du erzählt hast, daß sie von Generation zu Generation weitervererbt worden ist?«

Natürlich konnte sich Mama daran erinnern.

»Was ist denn damit los?« fragte sie.

»Na ja«, sagte ich. »Ein Mitglied der jetzigen Generation hatte vorhin das Pech, die Vase etwas anzuschubsen, so daß sie auf den Fußboden fiel. Und jetzt leben Napoleon und seine Frau leider getrennt ...«

Es gibt viele gute Kindersendungen im Fernsehen. Ich und mein kleiner Bruder sahen gestern einen Bericht über eine Schaffarm unten in Australien. Wir sahen, wie Leute zu Pferde hin und her ritten und einige große Herden Schafe auf eine umzäunte Koppel trieben. Es gab auch ein paar Hunde, die die Schafe ebenfalls scheuchten. Und als alle Schafe eingefangen waren, kam das Spannendste. Dann wurden die Schafe zu einigen Männern gebracht, die einen großen elektrischen Rasierapparat oder so etwas Ähnliches hatten. Und das, was die Männer jetzt taten, war so interessant, daß mein kleiner Bruder ganz schnell zu Mama in die Küche lief.

»Mama!« rief er. »Komm mal ganz schnell! Dann kannst du sehen, wie man in Australien ein Schaf schält!«

»Hallo, Oma! Kommst du mal vorbei und guckst dir meine neuen Hausschuhe an? Mama hat sie aus den Grillhandschuhen gemacht, die wir sowieso nie brauchen!«

Oma gibt mir nach dem Essen einen Kuß

Das Schlimmste, wenn wir bei Oma sind, ist, wenn ich mit dem Essen fertig bin und vom Tisch aufstehe, dann soll ich mich für das Essen bedanken. Aber das ist eigentlich noch nicht das Schlimmste. Das Schlimmste ist, daß mich Oma dann an sich zieht und sagt: »Ich hoffe, es hat dir geschmeckt!« Und dann gibt sie mir einen Kuß.

Das ist das Schlimmste.

Und gestern, als wir gebratenen Aal mit Petersiliensoße gegessen hatten, gab sie mir auch einen Kuß, als ich sagte: »Danke für das gute Essen!« Aber ich hatte meine Serviette noch in der Hand, und damit trocknete ich mir ganz schnell den Mund ab.

Aber Oma sah es.

»Aber was ist denn das?« sagte sie. »Trocknest du meinen Kuß mit der Serviette ab?«

»Nein, Oma«, sagte ich. »Ich schmiere ihn nur etwas fester drauf!«

Wenn Mama und Papa von damals erzählen, als wir zusammen in der Schule waren und ich sie zum allerersten Mal sehen sollte, bevor ich richtig damit anfing, in die Schule zu gehen, dann erzählen sie immer wieder die gleiche blöde Geschichte.

Es war Fräulein Berner selbst, die später meine

»Mama und Papa haben mir eine eigene Pinwand geschenkt ... aber sie haben mir nichts zum Anpinnen gegeben!«

Klassenlehrerin wurde, die uns alles zeigte, und uns alles über die Schule erzählte. Sie zeigte uns die Klassenzimmer und die Turnhalle, den Musikraum, das Lehrerzimmer, die Schulküche, den Pausenhof und alles andere.

Und als wir alles gesehen hatten, da sagte Mama: »So, mein Kind«, sagte sie und bedankte sich bei Fräulein Berner, »jetzt hast du gesehen, wie eine richtige Schule aussieht! Es gibt sicherlich vieles, auf das du dich freuen kannst. Und jetzt können wir wohl alle nach Hause gehen.«

»Nein, Mama«, flüsterte ich so leise, daß Fräulein Berner es nicht hören konnte. »Ich möchte doch noch so gerne eine Pause sehen, denn davon habe ich schon so viel Lustiges gehört!«

Keine Götterspeise für mich!

Als wir am Sonntag bei Oma und Opa zum Essen waren, weil Oma Geburtstag hatte, da bekamen wir einen Nachtisch, den ich noch nie früher gesehen hatte. Und auch nicht gegessen.

Oma sagte, das sei Götterspeise mit Vanillesoße. Sie servierte den Nachtisch auf einem Glasteller, und die Götterspeise war hoch und rund und rot, und als sie den Glasteller auf den Tisch stellte, bebte und wackelte und wabbelte alles hin und her.

Oma sagte, daß ich gerne als erste nehmen durfte, weil ich ja auch am Tischende saß. Und dann schob sie den Glasteller ganz zu mir herüber, und wieder wackelte und bebte und wabbelte alles.

»Nein, danke«, sagte ich und drückte mich ganz fest an die Stuhllehne, um so weit wie möglich von der Götterspeise wegzukommen. »Davon will ich nichts haben, Oma. Das ist ja noch gar nicht richtig tot!«

Papa hatte einen sehr anstrengenden Abend gehabt. Er war zur jährlichen Generalversammlung des Badminton-Clubs mit anschließendem Essen gewesen. Und bis fast halb vier heute nacht hatten sie über Badminton diskutiert. Sagte Mama.

Heute vormittag stand er erst kurz vor zwölf auf. Und jetzt lag er drinnen im Wohnzimmer auf der Couch und hielt ein Nachmittagsschläfchen. Und das paßte mir und meinem kleinen Bruder überhaupt nicht, denn er hatte uns versprochen, uns zu einem ganz wichtigen Fußballspiel von Rudolf zu fahren.

Wir fragten Mama, ob wir ihn wecken durften, und das durften wir gerne.

Aber Papa war überhaupt nicht wachzukriegen. Er hörte gar nicht, daß wir sagten, er solle aufwachen.

»Jetzt wach doch auf, Papa!« sagten wir ihm fast ganz ins Ohr. Aber er blieb still liegen und wachte nirgendwo auf. Zum Schluß versuchte mein kleiner Bruder, das eine Augenlid von Papa etwas anzuheben, und dann blickte er sehr konzentriert in das Auge hinein.

»Jedenfalls ist er aber noch da drin!« erklärte er.

»Als ich Oma fragte, ob sie erkennen könnte, was ich tanzte, sagte sie: ›Heiliger Strohsack!‹ Aber das war es nicht. Es war Lambada!«

Wir sammeln für arme Kinder

Gestern war der Tag des Kindes. Unter dem Motto »Rettet die Kinder« sollten wir zu allen Leuten gehen und Geld sammeln. Ich und Susanne gingen zusammen und verkauften kleine Ansteckmarken, die diejenigen Menschen sich anheften konnten, die für die armen Kinder unten in Afrika gespendet hatten. Überall waren die Leute sehr nett und kauften unsere Marken. Aber als wir an einer Stelle an der Haustür klingelten, kam erst nach langer Zeit ein großer, unrasierter Mann in einem dreckigen Unterhemd an die Tür. Er hatte eine Bierflasche in der Hand und eine brennende Zigarette im Mund.

»Was wollt ihr?« fragte er.

»Kaufen Sie eine Marke für fünf Kronen?« fragte Susanne.

»Wir sammeln für die armen Kinder unten in Afrika«, erklärte ich.

»Wer hat gesagt, daß ihr für die sammeln sollt?«

»Unsere Lehrerin in der Schule, Fräulein Berner«, antwortete ich.

Dann wühlte der Mann einen Zehner aus der Hosentasche und steckte ihn in die Sammeldose.

»Aber sagt nachher diesem Fräulein in der Schule«, sagte er dabei, »daß sie bei der nächsten Sammlung diese armen Kinder ruhig von der Liste streichen kann, wenn sie statt dessen mich draufsetzt!«

»Guten Morgen, ganze Welt! Könnt ihr alle sehen, daß ich heute Geburtstag habe?!«

Ich brauchte einen großen Nagel für die Wand in meinem Zimmer, weil ich ein großes Poster von ›Dodo and the Dodos‹ bekommen hatte. Ich holte also den Hammer und einen Nagel, und Papa fragte, was ich denn damit machen wollte.

»Nur einen Nagel in die Wand schlagen«, sagte ich. »Für ›Dodo and the Dodos‹.«

»Dann paß auf, daß du dir nicht auf die Finger haust!«

»Take it easy«, sagte ich. »Da passiert nichts. Martin hält den Nagel!«

Sind die Menschen aus Staub entstanden?

Wenn ich manchmal Oma besuche, um bei ihr zu übernachten, dann schlafe ich in einem Zimmer, das fast nie benutzt wird. Ich mag nicht so gern in diesem Zimmer schlafen, weil es da so merkwürdig riecht, wie nach einer Mischung des Geruches von einem großen Hund, verschimmelter Marmelade und Schweißfüßen. Jedenfalls so in der Richtung. Die Bettdecke ist auch so merkwürdig schwer und klamm, so als hätte sie bei nebligem Wetter draußen geschlafen.

Als ich gestern wieder bei Oma und Opa schlafen sollte, stellte ich mich ans Fenster und blickte hinaus. Und dabei entdeckte ich etwas auf der Fensterbank.

»Oma«, sagte ich, »stimmt es, daß die Menschen aus Staub entstanden sind?«

»Ja«, antwortete Oma, die gerade mein Bett bezog. »So steht es jedenfalls in der Bibel.«

»Stimmt es auch, daß die Menschen wieder zu Staub werden, wenn sie sterben?«

»Ja, mein Kind, das stimmt auch. Warum fragst du?«

»Doch, guck mal hier, Oma.«

Ich ließ meinen Finger durch eine dicke Staubschicht auf der Fensterbank laufen und sagte dann:

»Hier auf deiner Fensterbank ist also ein Mensch, der entweder noch geboren wird oder schon gestorben ist!«

Als wir letzten Sonnabend in den Zirkus fahren wollten, waren wir schon alle fertig. Nur Mama nicht. Papa saß im Auto und drückte auf die Hupe. Mein kleiner Bruder war furchtbar ungeduldig, denn er hatte sich so auf den Zirkus gefreut.

»Noch zwei Minuten!« rief Mama. Und wir warteten weiter. Ich und mein großer Bruder blickten dauernd auf die Uhr. Aber dann ging mein kleiner Bruder zu Mama ins Schlafzimmer und fragte:

»Dauern zwei Minuten sonnabends länger als an anderen Tagen, Mama?«

»Eins, zwei, drei, vier, sieben, zwölf, zwanzig, dreißig, vierzig, sechzig, achtzig, neunzig, hundert! Neuer Guinness-Rekord im Tempo-Seilspringen!«

Mein Lieblingssport

Zum Glück schreiben wir in unserer Klasse noch keine richtig langen Aufsätze, das kommt erst im vierten Schuljahr. Aber mein großer Bruder, der muß zu Hause lange Aufsätze schreiben. Aber manchmal habe ich das Gefühl, daß er es sich einfach zu leicht macht.

Gestern sollte er einen Aufsatz schreiben über seinen Lieblingssport – und der Lieblingssport meines großen Bruders, das ist ganz einfach Fußball. Mama sagt auch, daß er nichts anderes im Kopf hat – außer Fußball.

Aber sie sollten nicht nur ganz allgemein über ihren Lieblingssport schreiben. Sie sollten alles schreiben, was sie am letzten Trainingstag erlebt hatten. Mit ihren Mannschaftskameraden, mit ihrem Trainer und so weiter.

»Hast du deinen Aufsatz geschrieben, Rudolf?« wollte Mama wissen, als er gerade aus der Tür gehen wollte. Er fischte sein Aufsatzheft aus seinem Schulranzen und wedelte damit in der Luft herum.

»Habe ich!« rief er und verschwand.

Und eigentlich hatte er das auch. Ich habe selbst in sein Aufsatzheft geguckt. Dort stand:

AUFSATZ
MEIN LIEBLINGSSPORT
FUSSBALL
Regenwetter ... Training abgesagt.
Rudolf, 7b.

»Mama sagt, daß ich nicht so hoch schaukeln soll. Aber wie, in aller Welt, schaukelt man niedrig?«

Gestern abend probierte Mama ihre neuen Schuhe, weil sie zu einem großen Fest gehen wollte. Die Schuhe waren ganz unheimlich todschick. Hohe Absätze. Vorne ganz spitz.

Aber sie drückten. Und trotzdem war ich neidisch, weil ich immer in solchen flachen, breiten, ausgelatschten, blöden Gesundheitstretern herumlaufen muß.

»Mama«, sagte ich, »wann bin ich eigentlich alt genug, um auch solche Schuhe zu tragen, die immer drücken?«

Patricias Uropa ist achtundachtzig

Herr Lindberg erklärte uns heute in der Geschichtsstunde, warum die Könige früher, in alten Tagen nicht so alt wurden, denn das lag daran, daß alte Leute früher nicht so alt wurden. Heutzutage leben die Menschen viel länger, und deswegen werden sie auch älter. Das alles erzählte uns Herr Lindberg, und dann meldete sich Conny und erzählte, daß ihr Opa gerade achtzig geworden war, und daß er selbst erzählt hatte, daß er so alt geworden war, weil er immer gesund gelebt und seit seinem zwölften Lebensjahr geraucht hatte. Frauen und Branntwein hatten auch dazu beigetragen, daß ihr Opa jung geblieben war, erzählte Conny.

»Aber jetzt hat er mit dem Rauchen aufgehört«, sagte sie. »Denn er will es nicht zur Gewohnheit werden lassen!«

»Jetzt kann ich ›Summ, summ, summ, Bienchen summ herum‹ spielen. Und das gerade ich, der ich doch Bestsellerautor werden sollte, und nicht Popmusiker!«

Herr Lindberg wollte über Connys Opa nichts mehr hören, sondern fragte uns, ob jemand von uns Großeltern oder Urgroßeltern hatte, die noch älter waren als Connys Opa. Und da gab es einige. Auch Patricia.

»Mein Uropa ist gerade achtundachtzig geworden«, sagte sie. »Und in der Reitschule, wo er bei meiner Mama und meinem Papa wohnt, da reitet er jeden Tag mindestens eine halbe Stunde auf einem Pferd, nur nicht im Juli.«

»Und warum denn nicht im Juli?« fragte Herr Lindberg.

»Nein«, sagte Patricia. »Denn dann hat mein Papa Urlaub. Und dann ist niemand da, der Uropa aufs Pferd heben kann!«

Heute in der Mathematikstunde zeichnete Herr Baumann fünf Äpfel an die Tafel, und dann fragte er mich, wie ich möglichst gerecht diese fünf Äpfel zwischen mir und Susi und Lizette und Henriette teilen würde. Meine Antwort war:

»Ich weiß nicht, ob das gilt, aber ich würde Apfelgrütze daraus machen!«

Barbara kriegt einen neuen kleinen Bruder

Barbara, die mit mir in die Schule geht, ist ein Einzelkind, weil sie keine Geschwister hat. Aber jetzt kriegt sie einen kleinen Bruder, und sie spricht

»Wenn hier Punktrichter wären, hätte ich für diesen ›Doppelten Lutz‹ mindestens 5,9 – 5,9 – 5,9 – 6,0 – 5,9 – 6,0 bekommen!«

von nichts anderem mehr. Ich glaube, daß auch Fräulein Berner es langsam nicht mehr hören mag, wie sehr Barbara sich auf ihren kleinen Bruder freut. Es kommt schon vor, daß sie sich mitten im Unterricht meldet und dann sagt:

»Weißt du was, Fräulein Berner, jetzt kann meine Mama merken, daß mein kleiner Bruder in ihr drin ist, denn ihr wird übel, und es geht ihr nicht gut, und sie sagt: ›Oh, wie ist mir übel!‹ Und das bedeutet, daß sie einen kleinen Bruder kriegt ... aber ganz bestimmt ... oder, Fräulein Berner?«

Sie kann sich auch plötzlich melden und verkünden:

»Weißt du was, Fräulein Berner? Jetzt hat meine Mama ganz damit aufgehört, Zigaretten zu rauchen, weil sie sagt, daß mein kleiner Bruder es nicht mag, wenn sie raucht.«

Aber seit einiger Zeit redet Barbara nicht mehr so viel von ihrem kleinen Bruder, jetzt hat sie sogar ganz damit aufgehört. Und heute fragte Fräulein Berner:

»Sag mal, Barbara«, sagte sie, »wie kommt es eigentlich, daß wir gar nichts mehr über deinen kleinen Bruder hören?«

Aber da fing Barbara an zu heulen. Sie hörte sich richtig traurig an.

»Ich kriege gar keinen kleinen Bruder«, schluchzte sie. »Denn meine Mama ist so dick geworden. Ich traue mich nicht, sie zu fragen, aber ich bin ganz sicher, daß sie meinen kleinen Bruder aufgegessen hat!«

In der Schule hatten wir heute eine neue Referendarin. Sie wollte den Namen von Sarawagi wissen, und diese antwortete, daß sie Sarawagi heißt. Sarawagi Djebel Kiffa.

»Und wo bist du geboren, Sarawagi?« fragte die Referendarin.

»Ich bin überhaupt nicht geboren«, sagte Sarawagi.

»Doch, mein Kind«, sagte die neue Referendarin. »Irgendwo mußt du ja geboren sein.«

»Nein, denn ich bin adoptiert!«

Mein Onkel hat seine eigene Kirche

Manchmal besuche ich meinen Onkel Thomas, der ist Pastor und wohnt in einem Pastorat. Sonntags zieht er sich ein langes schwarzes Kleid an und legt sich einen weißen Kranz um den Hals, so daß es aussieht, als ob er den Kopf durch eine große Torte mit viel weißer Schlagsahne gesteckt hat. Das ist ein nordischer Pastorenkragen. Dann geht er hinüber in seine Kirche und hält eine lange Predigt für die Leute, die in der Kirche sitzen und diese Predigt hören müssen.

Mein Onkel Thomas hat ein Zimmer, in dem ganz viele Bücher stehen. Das Zimmer nennt er sein Studierzimmer, und da sitzt er und schreibt all das auf, was er in der Kirche sagen muß. Einmal fragte ich ihn, ob er auch »Amen« schreibt, aber das tut er nicht, denn das kann er auswendig. Sagt er.

»Von Oma habe ich die Augen, die Nase und das Lachen ... Bin ich froh, daß ich nicht auch ihre Brille und ihre Perücke habe!«

Gestern durfte ich zugucken, wie er seine Predigt schreibt. Er hat einige Bibeln und andere Bücher auf dem Schreibtisch liegen, und dann blättert er darin, schlägt an verschiedenen Stellen nach, und dann schreibt er und schreibt.

»Ich wußte gar nicht, daß du nur aus Büchern abschreibst, Onkel Thomas«, sagte ich. »Ich dachte, daß der liebe Gott dir erzählt, was du schreiben sollst.«

»Ja, aber genau das tut er doch auch, mein Kind«, antwortete er.

»Aber darfst du dann so viel von dem wieder durchstreichen, was der liebe Gott dir gesagt hat?«

Ich und mein kleiner Bruder waren mit Mama und Papa bei Bekannten von ihnen zum Essen eingeladen. Und wir durften auch mit am Tisch sitzen. Aber mein kleiner Bruder hatte Schwierigkeiten, gleichzeitig mit Messer und Gabel zu essen.

»Soll ich dir das Fleisch kleinschneiden?« fragte die Frau, die uns eingeladen hatte.

»Nein«, antwortete mein kleiner Bruder. »Das kann ich schon selbst. Denn zu Hause kriegen wir manchmal auch zähes Fleisch, das nicht ganz gar ist!«

Das ist absolut ungerecht

Es war absolut ungerecht, denn wir hatten nichts anderes getan, als miteinander geredet, und Fräulein Abrahamsen konnte es überhaupt nicht hören, denn ich und May haben inzwischen gelernt, während des Unterrichts miteinander zu reden, ohne die Lippen in irgendeiner Weise zu bewegen.

Trotzdem gab uns Fräulein Abrahamsen die Wahl zwischen einer Stunde Nachsitzen oder in der großen Pause fünfzig Mal unseren Namen an die Tafel zu schreiben. Ohne die Lippen zu bewegen sagten wir MIST und wählten, fünfzigmal unseren Namen an die Tafel zu schreiben.

Als ich meinen Namen dreißigmal geschrieben hatte, hatte ich keine Lust mehr, und daher ging ich raus auf den Schulhof, wo Fräulein Abrahamsen Aufsicht hatte, und beschwerte mich bei ihr:

»Also, das ist absolut ungerecht. Als ich meinen Namen dreißigmal an die Tafel geschrieben hatte, war May mit ihren fünfzigmal schon fertig ... und das nur, weil sie May heißt, und ich Charlotte, ich habe neun Buchstaben, und sie nur drei!«

Mein kleiner Bruder läßt uns sehr gerne Rätsel raten.

»Charlotte«, sagte er, als wir heute nachmittag in der Küche saßen und Kakao tranken. »Was ist das? Es ist grün und gestreift, hat sechs Beine und ein Horn auf der Stirn, einen langen Schnabel und

»Ich fange gern eine Qualle, wenn jemand gebratene Qualle mit Petersiliensoße haben möchte!«

zwei Schwänze, und kann rückwärts durch die Luft fliegen. Gibst du gleich auf?«

»Ja«, sagte ich. »Ich gebe auf.«

»Mama, gibst du auch auf?«

Mama gab sich auch geschlagen.

»Na, was ist denn das für ein Tier?« fragte sie.

Mein kleiner Bruder sah aus, als würde er intensiv nachdenken. »Ich habe mir noch keinen passenden Namen dafür ausgedacht«, sagte er dann. »Aber im Kindergarten habe ich heute ein solches Tier gezeichnet. Ich hatte gehofft, ihr würdet es kennen!«

Ein neues Baby

Gestern stürzte ich zu Mama in die Küche. Ich war so aus der Puste, daß ich kaum noch atmen konnte. Endlich war in unserer Straße etwas Interessantes passiert.

»Mama, Mama!« rief ich. »Frau Schmidt drüben von Herrn Schmidt aus Nummer 17 ist aus der Klinik nach Hause gekommen. Sie hat ein richtiges kleines Baby gekriegt. Ich habe es gerade selbst gesehen. Du solltest ganz schnell mit rübergehen, damit wir das Baby noch mal sehen können!«

»Nein, mein Kind«, sagte Mama. »Nicht heute. Frau Schmidt braucht jetzt ein paar Tage Ruhe. Dann werde ich auch rübergehen und das kleine neue Baby bewundern, und Frau Schmidt gratulieren und ihr ein kleines Geschenk für das Baby geben.«

»Aber Mama«, sagte ich ganz aufgeregt. »Das ist doch eine einmalige Chance. Ein ganz neues Baby zu sehen! Komm doch eben mit rüber. Doch, Mama, bitte!«

Aber Mama wollte nicht.

»Jetzt komm doch!« sagte ich und zog an ihrem Rock. »Du brauchst dir keine Sorgen zu machen. Es ist nicht ansteckend!«

Heute war ein sehr interessanter Tag, denn es sollte oben auf der Sonne eine Sonnenfinsternis geben. Es hatte alles in der Zeitung gestanden, und wir waren unheimlich gespannt. Aber wir durften nicht direkt in die Sonne gucken, weil das unseren Augen schaden würde. Wir sollten beim Zugucken ein Stück gefärbtes Glas vor die Augen halten. Mein kleiner Bruder konnte es kaum aushalten. Viele Male probierte er sein Glas aus und fragte immer wieder, ob es nicht bald anfing. Er blickte durch sein Glas auf einige Wolken und sagte, daß jetzt eine Wolkenfinsternis sei. Und er blickte auf meine kleine Schildkröte und erklärte, daß jetzt eine Schildkrötenfinsternis sei.

Mama behielt die Uhr in der Küche im Auge, und dann rief sie zu uns in den Garten:

»Jetzt fängt die Sonnenfinsternis an!« Und wie immer vergaß sie nicht, meinen kleinen Bruder besonders zu ermahnen:

»Aber geh nicht zu nah ran, Martin!«

»Natürlich muß Mama genau dann ›Bettzeit!‹ rufen, wenn Mickey Mouse und Donald Duck meinen Horizont erweitern wollen!«

Robert will sich immer einschmeicheln

Robert will sich in der Schule immer bei Fräulein Berner einschmeicheln. Er ist richtig doof. Aber obwohl er sich immer Liebkind machen will, muß auch er manchmal nachsitzen. Das sollte er heute, weil er im Unterricht unaufhörlich geschwatzt hatte. Und weil er die ganze Zeit auf seinem Kaugummi kaute, was Fräulein Berner einfach nicht mehr sehen konnte. Und weil er mit Papierkugeln durch die Klasse warf. Und die Bananenscheiben von seinem Brot kratzte und im Unterricht aß.

Das Nachsitzen paßte ihm wohl nicht so richtig. Nach der großen Pause ging er mit einem großen roten Apfel zu Fräulein Berner. Den hatte er von zu Hause mitgekriegt. In der Pause hatte ich selbst gesehen, wie er den Apfel mit seinem Hemd besonders blank putzte. Und immer wieder darauf hauchte und noch mehr putzte.

»Bitte, Fräulein Berner«, sagte er. »Möchtest du den haben? Er ist aus unserem Garten, und ich bin jetzt schon ganz satt.«

Fräulein Berner nahm den Apfel und legte ihn zur Seite.

»Danke«, sagte sie nur.

Und dann sagte Robert nicht sehr laut, aber ich konnte es trotzdem verstehen:

»Und wenn ich nachher nicht nachsitzen muß«, sagte er mit einem Blick auf den roten Apfel, »dann gibt es noch mehr da, wo dieser herkommt!«

»Kriegst du überhaupt keine Lust, Samba zu tanzen, Pjevs, wenn du meine Steel-Band hörst?«

Ich hatte Oma etwas zu erzählen, als sie heute nachmittag kurz bei uns vorbeischaute.

»Ich und Rudolf waren heute beim Schulzahnarzt«, erzählte ich. »Und weißt du was, Oma? Ich habe kein einziges Mal AU gesagt und nur die Augen zugemacht.«

»Das hast du aber fein gemacht«, sagte Oma. »Du bist ein großes, tapferes Mädchen. Da muß ich dir ja etwas für deine Spardose geben ... bitte schön. Und was hat der Zahnarzt an deinen Zähnen gemacht?«

»An meinen Zähnen hat er gar nichts gemacht, Oma«, sagte ich. »Aber bei Rudolf, da hat er ein Loch gebohrt und es wieder gefüllt!«

Im zoologischen Museum kann man viel lernen

Ich und die ganze Klasse waren heute in einem Haus, das hieß ›Zoologisches Museum‹. Und da kann man viel lernen. Es gab da jede Menge ausgestopfte Vögel und Tiere und Papageien. Auch ein großer ausgestopfter Löwe stand da mit offenem Maul, so daß alle Zähne zu sehen waren. Ich muß zugeben, daß ich ein wenig Angst hatte, meine Hand ganz in das Maul des Löwen hineinzustekken, aber dann kam ein Wärter zu uns, der sich schon die ganze Zeit amüsiert hatte, und fragte, ob jemand von uns sich traute, den Kopf zwischen die scharfen Zähne im offenen Löwenmaul zu stecken.

»Nein, bloß nicht!« riefen alle Mädchen. Aber fast alle Jungen wagten es. Und es passierte gar nichts. Wir fragten den lustigen Wärter, wo der Löwe herkam.

»Unten aus Afrika«, erzählte er. »Aus einem Land, das Kenia heißt. Ich habe ihn selbst geschossen, als ich einmal mit meinem Bruder auf einer Safari dort unten war.«

»Oh, stimmt das wirklich?« staunten wir.

»Ja, natürlich stimmt das. Obwohl man dazu viel Mut haben muß. Ich hielt den Löwen am Schwanz fest, als mein Bruder auf ihn schoß!«

Da lachten wir alle, aber dann wollte Dorothea wissen, womit der Löwe ausgestopft ist.

»Womit er ausgestopft ist?« sagte der Wärter. »Mit meinem Bruder!«

Mein kleiner Bruder kann manchmal richtig eklig sein. Vorhin rannte er zu Mama in die Küche und machte ein riesiges Spektakel.

»Charlotte ist sauer«, sagte er. »Sie ist sauer, weil ich mein Stück von deinem guten Schokoladenkuchen gegessen habe, ohne ihr etwas davon abzugeben.«

»Na und?« meinte Mama. »Sie hat doch ihr eigenes Stück Kuchen.«

»Nein«, sagte mein kleiner Bruder. »Das hat sie eben nicht, denn das habe ich vorhin schon aufgegessen!«

»Mein bestes Leibgericht ist ein Würstchen mit Kartoffelbrei, und mein zweitbestes Leibgericht ist noch ein zweites Würstchen mit Kartoffelbrei!«

Ein fürchterliches Katzengeheul

Einmal war abends ein furchtbarer Lärm, man hörte lautes Katzengeheul aus dem Gartenhaus unten am Ende der Straße. Mama sagte, daß sich da wohl einige Kater herumbalgten, und mein kleiner Bruder lief hin, um nachzusehen, obwohl es schon fast ganz dunkel war.

»Mein lieber Mann!« sagte er, als er zurückkam. »Da sind mindestens zwölf Kater, die miteinander kämpfen und sich anfauchen und einen Buckel machen!«

»So viele Kater haben wir doch gar nicht in unserer Gegend«, meinte Mama.

»Aber zehn sind es ganz bestimmt, Mama.«

»Na, ich glaube, du übertreibst immer noch«, sagte Mama.

»Nein, bestimmt nicht«, sagte mein kleiner Bruder. »Aber ich kann ja noch mal hinlaufen und nachsehen!«

Und schon lief er los.

»Und?« fragte Mama, als er zurückkam. »Wie viele sind es denn wirklich?«

»Es ist der schwarze Kater von Herrn Schumann, und dann der rote Kater aus Nummer 17, und eine Katze, die ich gar nicht kannte. Aber mehr ziehe ich jetzt wirklich nicht mehr ab!«

Mein kleiner Bruder blätterte in einem Comic-Heft mit Astronauten und Raumschiffen und dem Krieg der Sterne, und all solchen Sachen draußen

»Ich habe nie verstanden, warum Eva mit dem Apfel Adam verführt hat. Wenn es ein guter Apfel war, warum hat sie ihn dann nicht selbst gegessen?«

im All. Er war so hin und weg, daß er das Essen ganz vergaß.

Und dabei war es sein Leibgericht: Würstchen mit Kartoffelsalat.

»Jetzt iß«, sagte Mama, als er endlich am Tisch saß. »Der Teller muß ganz leer werden.«

Aber er schob den Teller von sich.

»Ich habe keinen Hunger mehr«, sagte er. »Und ich will auch nicht so dick sein, wenn ich erwachsen bin, daß ich nicht in eine Raumkapsel passe!«

Herr Schmidt spielt mit meiner Schildkröte

Ich und mein kleiner Bruder lagen draußen auf dem Bürgersteig und spielten Wettrennen mit meiner kleinen Schildkröte, Herrn Krötschilde. Er sollte so schnell wie möglich von meinem Kreidestrich zwei Meter weiter bis zum Kreidestrich meines kleinen Bruders laufen.

Da kam Herr Schmidt aus Nummer 17 vorbei. Er will immer Spaß machen. Manchmal klappt es auch, und dann lachen wir.

»So, so«, sagte er, »ihr spielt wohl Hunderennen.«

»Ja«, antworteten wir. »Aber es ist kein Hund.«

»Von hier oben sieht es aber aus wie ein Hund«, meinte Herr Schmidt. »Aber ich habe meine Brille vergessen.«

Wir merkten sofort, daß er Spaß machte. Dann

»Opa hat mich gerade gefragt, was ich von den nachgebenden Tendenzen auf dem Aktien- und Anleihenmarkt halte. Was halte ich davon, Oma?«

beugte er sich zu meiner kleinen Schildkröte herunter und tat so, als streichelte er einen Hund.

»Gutes kleines Hündchen«, sagte er. »Was ist das eigentlich für ein Hund?«

Da wollte ich auch Spaß machen.

»Der?« sagte ich. »Das ist ein Polizeihund. Du mußt aufpassen, daß er dich nicht beißt!«

»Ein Polizeihund?« staunte Herr Schmidt. »Ach ja, jetzt kann ich es auch erkennen. Und er hat sich wohl unter dem Panzer versteckt, weil er zur Geheimpolizei gehört?«

Manchmal hat Papa eine merkwürdige Art und Weise, etwas zu sagen. So auch gestern abend, als Mama mich fragte, ob ich denn keine Hausaufgaben zu machen hätte. Und als ich mit Nein geantwortet hatte, sagte Papa: »Es ist schon merkwürdig mit den Hausaufgaben der Kinder.«

»Wieso?« fragte Mama.

»Nun ja, heutzutage haben die Kinder absolut keine Hausaufgaben zu machen, wenn gleich ihre Lieblingssendung im Fernsehen beginnt ... dafür gibt es aber plötzlich eine Menge Hausaufgaben, wenn gleich Bettzeit ist!«

Mein neuer Ring

Als Tante Olga aus der Provinz uns vor kurzem besuchte, schenkte sie mir einen enorm schicken Ring mit einem sehr schönen kleinen roten Stein genau in meiner Lieblingsfarbe. Sie hatte mir nämlich nichts zu meinem Geburtstag geschickt.

»Ich habe fünf Kronen für die Sammlung ›Wir pflanzen einen Baum in Afrika‹ gegeben. Aber wie komme ich bloß runter, um den Baum zu gießen?«

Ich durfte den Ring nicht jeden Tag tragen, nur zu besonderen Gelegenheiten, wenn ich auch mein neues Kleid anzog. Aber dann bettelte ich so lange bei Mama, bis ich ihn gestern auch anziehen durfte, als ich zur Schule ging. Und Patricia und Henriette und Dorothea und Zofia und alle Mädchen bewunderten den Ring, und sagten, daß er mir eine ganz besondere persönliche Note gab, und solche Sachen. Aber in der ersten Stunde, die wir bei Fräulein Berner hatten, bemerkte Fräulein Berner den Ring gar nicht. Und ich konnte ja nicht einfach zu ihr gehen und ihr den Ring zeigen, denn Mama hatte gesagt, daß ich nicht damit angeben dürfte. Aber ich rutschte sehr unruhig auf meinem Stuhl hin und her und konnte mich gar nicht auf das Lesen konzentrieren.

»Sag mal«, sagte Fräulein Berner. »Was ist denn heute mit dir los, Charlotte? Ich finde, du bist so unruhig.«

»Mit mir ist nichts los, Fräulein Berner«, sagte ich. »Ich finde nur, daß es hier drinnen so warm ist ... ich habe nämlich meinen neuen Ring an!«

Mein kleiner Bruder sieht viel Interessantes im Fernsehen. Heute sah er eine Kindersendung über eine alte Schmiede mit einem richtigen Schmied. Er wußte nicht, was ein Schmied ist, denn er hatte noch nie einen gesehen.

»Charlotte«, erzählte er begeistert, »das hättest du sehen sollen! Ich sah einen Mann, der eine große Lederschürze an hatte. Er machte Pferde ...«

»Machte Pferde?« staunte ich.

»Ja«, antwortete er. »Als ich einschaltete, hatte er ein Pferd fast gerade fertig. Er mußte nur noch das eine Hinterbein richtig festnageln!«

Viren fliegen unsichtbar durch die Luft

Als ich das letzte Mal Grippe hatte, ging es mir sehr schlecht. Unser Arzt sagte, daß in der Grippe eine Menge kleiner Viren sind, die gleichsam unsichtbar durch die Luft fliegen und sich überall festsetzen und andere anstecken können. Und deshalb sollte mein kleiner Bruder sich ganz von meinem Zimmer fernhalten. Sagte er.

Wenn ich abends einschlafen sollte, war ich zu schlapp, um selbst zu lesen, und daher sang Mama für mich ein Gutenachtlied. Es hieß »Die Blümelein, sie schlafen«. Ich mochte das Lied gern.

Jetzt bin ich wieder ganz gesund, und Mama singt kein Gutenachtlied mehr für mich. Weil ich auch so einschlafen kann. Aber als gestern mein kleiner Bruder zu Bett gegangen war, hörte ich plötzlich, wie Mama ihm »Die Blümelein, sie schlafen« vorsang.

Ich lief schnell in sein Zimmer.

»Aber Mama«, sagte ich. »Das Lied von den Blümelein darfst du Martin doch nicht vorsingen. Das hast du für mich gesungen, als ich Grippe hatte, und wenn nun ein paar von den Viren darin übriggeblieben sind, kannst du Martin doch anstecken, wenn du ausatmest!«

In der ersten Stunde sagte Fräulein Berner heute, daß wir alle ungewöhnlich müde wirkten. Ich

»Wenn Konrad fragt, ob ich mitfahren will, dann antworte ich: ›Vielen Dank, aber eine richtige Dame läßt sich nicht einfach von jedem mitnehmen!‹«

glaube, sie hatte wohl den Verdacht, daß es daran lag, daß gestern im Fernsehen die Hitparade gewesen war, und daß wir daher viel zu spät ins Bett gekommen waren.

Und dann sprachen wir darüber, wann wir eigentlich morgens immer aufstehen mußten. Manche von uns mußten früher aufstehen als andere. Zofia erzielte den Rekord, als sie erzählte, wann ihre Mutter immer aufstand, weil sie Zeitungen austragen mußte.

»Meine Mama steht jeden Morgen um genau viertel nach vier auf«, erzählte sie. »Egal, wie spät es ist!«

Eine aufreibende Auseinandersetzung

Mann, was war ich also sauer. Fast den ganzen Vormittag hatte ich mich mit Mama gestritten, weil sie behauptete, daß ich eine furchtbare Unordnung in meinem Zimmer und überhaupt in all meinen Sachen hatte, und weil ich niemals aufräumte. Und das war absolut ungerecht, denn ich hatte gerade aufgeräumt, so daß ich wußte, wo meine Sachen alle waren. Aber ich wußte es eben auf meine Weise. Und die war auf keinen Fall ausreichend. Meinte Mama.

Wir stritten uns sehr lange darüber. Aber zum Schluß hatte ich einfach keine Lust mehr, zu streiten, und da ging ich aus der Küche und schloß die Tür hinter mir, so daß jeder hören konnte, daß ich sie richtig zumachte. Und da wurde Mama erst recht sauer, obwohl sie immer ruft: »Mach die Tür

»Ich könnte mich mein ganzes Leben ausschließlich von Reisgrütze ernähren ... wenn die Chinesen es schafften, genügend Reis anzubauen!«

zu!« Jetzt rief sie, daß ich sie nicht zumachen sollte, wenn sie mich gerade zurechtweisen wollte. Und das wollte sie jetzt. Jedenfalls rief sie etwas in dieser Richtung.

»Sag mal«, sagte Papa, als ich ins Wohnzimmer kam. »Was geht denn hier vor?«

Ich hatte kein Interesse an langen Rechtfertigungen und ging durchs Wohnzimmer, ohne Papa anzusehen.

»Ich hatte eine furchtbar aufreibende Auseinandersetzung mit deiner Frau!« sagte ich.

Als ich und mein kleiner Bruder beim Frühstück saßen, flog da plötzlich eine Wespe herum, die irgendwie in die Küche gekommen war. Sie störte mich sehr, weil sie immer wieder um den Topf mit der Marmelade herumflog. Sie hatte ihren Rüssel auch schon ganz tief im Topf.

»Waren in der Arche Noah auch Wespen, Mama?« fragte ich.

»Ja, natürlich«, antwortete Mama. »Von jeder Art der Tiere, Vögel und Insekten waren zwei dabei.«

»Dann kann ich eigentlich nicht verstehen«, sagte ich, »warum Noah keine Fliegenklatsche genommen und denen ordentlich einen an den Latz geknallt hat. Er hatte doch die beste Chance aller Zeiten!«

Mein kleiner Bruder hat eine gute Idee

Es dauert nicht mehr lange, bis mein kleiner Bruder Geburtstag hat, und wenn einer von uns Geburtstag hat, dann macht Mama immer eine wahnsinnig leckere Geburtstagstorte mit Schokoladencreme und kleinen Schokoladenbrezeln auf der Schlagsahne obendrauf. Wir sagen immer, daß Mama die einzige souveräne Weltmeisterin ist, genau diese Torte zu machen. Und wenn wir so etwas sagen, spart sie auch nicht an den Schokoladenbrezeln und steckt noch einige mehr an die Seite.

Wir saßen zusammen und sprachen über den Geburtstag meines kleines Bruders, und ich hatte ihm versprochen, ihm beim Schreiben seines Wunschzettels zu helfen.

»Aber Mama«, sagte er, »du machst bitte diese gute Torte, nicht? Diese, du weißt schon.«

»Ja«, nickte Mama. »Und dieses Mal werden sieben Kerzen draufgesteckt, die du dann auspusten mußt, bevor wir die Torte essen.«

»Mann!« begeisterte sich mein kleiner Bruder. »Eine Torte mit sieben Kerzen!«

Aber dann machte er plötzlich ein sehr ernstes Gesicht. Er hatte eine Idee.

»Mama«, sagte er. »Statt einer Torte mit sieben Kerzen ... wäre es da nicht viel besser mit sieben Torten und einer Kerze ...«

»Natürlich liebe ich Mama und Papa ... aber ich liebe auch Spaghetti!«

In einem französischen Film aus Frankreich sahen ich und mein kleiner Bruder einige Frauen in schwarzen Kleidern, die bis zum Boden reichten. Nur am Kopf hatten sie etwas Weißes.

»Sind das Pinguine, Mama?« fragte mein kleiner Bruder.

»Nein, um Gottes willen, mein Junge!« sagte Mama. »Das sind Nonnen. Die wohnen in dem großen Haus, in das sie gerade hineingehen. Das ist ein Kloster.«

»Warum wohnen sie in einem Kloster?«

»Weil Nonnen sehr fromm sind und nur mit Gott zusammenwohnen wollen, daher gibt es in einem Nonnenkloster auch keine Männer ... Sieh mal, jetzt knien alle Nonnen nieder und beten.«

»Wofür beten sie, Mama?« wollte mein kleiner Bruder wissen. »Daß bald ein paar Männer kommen?«

Fido hat überhaupt keinen Stammbaum

Es sind alles feine Hunde, die in unserer Straße wohnen. Richtige Rassehunde, deren Stammbaum auf einem Stück Papier steht, so daß man sehen kann, daß sie nicht ganz einfach nur Hunde sind. Da ist Herrn Schmidts Pekinese, da ist Herberts Kurzhaarterrier, da ist Frau Flucks langhaariger Jagdhund, so ein länglicher und flacher. Und der Schäferhund von Herrn Schumann. Und Bobby, mein Königspudel. Aber jetzt hat Henrik auch einen Hund gekriegt, der aber einfach nur ein

Hund ist. Papa sagt, daß er nichts weiter ist als eine Straßenkreuzung, und daß er dumm wie ein Brett ist und überhaupt nicht in unsere Straße paßt, in der es doch so viele richtige Hundebesitzer gibt. Sagt Papa. Es ist ein Rüde, und Papa sagt, daß er bloß nicht anfangen soll, sich irgendwo einzumischen und in der Laufzeit herumzulaufen und alles mögliche anzustellen. Sagt Papa.

Gestern fragten ich und Susanne, ob der Hund überhaupt einen Namen hatte.

»Ja, natürlich«, sagte Henrik. »Er heißt Fido.«

»Fido«, sagte ich. »Haha, so heißen alle gewöhnlichen, dummen Hunde.«

Aber Henrik verteidigte sich und versuchte, seinen Hund genauso fein zu machen wie die anderen Hunde in unserer Straße.

»Wart erst einmal ab, bis ich dir gesagt habe, wie sein Name buchstabiert wird«, sagte er stolz. »Papa hat es selbst auf den Futternapf geschrieben: P-h-i-d-e-a-u-x!«

Manchmal helfe ich Mama im Garten, wenn sie Möhren und Radieschen und so etwas sät. Manchmal sät sie auch schöne Blumen.

»Wie kommt es, daß auf den Tüten immer so viele schöne Blumen sind?« fragte ich einmal, als wir gerade Levkojen aussäten.

»Das ist, damit man sehen kann, wie die Blumen aussehen würden, wenn sie austreiben würden, und die Ameisen oder die Schnecken sie nicht immer zerstören würden.«

Also, ich kann nicht verstehen, daß Mama überhaupt noch Lust hat, Blumen zu säen!

»Bin ich auf dem Weg von *der Schule oder auf dem* Weg zur *Schule? Ich muß auf dem* Weg *zur Schule sein, denn mir fällt gerade ein, daß ich meine Erdkunde nicht gemacht habe!«*

Torte mit Schokoladencreme ißt man mit der Kuchengabel

Oma hatte Gäste zu Kaffee und Torte eingeladen, und sie hatte mir erlaubt, mit am Tisch zu sitzen, wenn ich ruhig sitzen und anständig essen würde. Ich sitze immer ruhig und esse immer anständig. Jedenfalls, wenn es Torte mit Schokoladencreme gibt, denn das ist mein liebstes Leibgericht. Neben Regenbogeneis.

Als Oma die Schlagsahne auf die Torten gespritzt hatte, stellte sie alles auf die Anrichte.

»Oma«, fragte ich, »ißt man Torte mit einem Löffel oder mit einer Gabel?«

»Eine Torte ißt man mit einer Kuchengabel«, erklärte Oma.

»Zeigst du mir eine?« fragte ich.

Und Oma zeigte mir eine Kuchengabel, und ich versuchte, sie richtig in der Hand zu halten. Omas Kuchengabeln waren ganz neu.

»Oma«, sagte ich dann, »ich bin mir nicht ganz sicher, ob ich mit einer Kuchengabel richtig Torte essen kann. Meinst du nicht, es wäre besser, wenn du mir jetzt schon ein Stück Torte gibst, damit ich üben kann, bevor die Gäste kommen?«

Aber das zog nicht. Als wir dann am Kaffeetisch saßen, erzählte Oma allen Gästen, wie ich vorgeschlagen hatte, ihre neuen Kuchengabeln auszuprobieren.

Und das, fand ich, war sehr unfein.

»Ein Kaninchen aus dem Zylinder zu zaubern mag vielleicht schwer sein ... aber viel schwerer ist es, Konrads Kaninchen in diesen blöden Zylinder hineinzuzaubern!«

Als mein kleiner Bruder vierzehn Tage mit dem Kindergarten im Schullandheim gewesen war, erzählte er zu Hause begeistert, daß er Schwimmen gelernt hatte.

»Phantastisch!« sagte Mama. »Du kannst jetzt wirklich richtig schwimmen ... wie ein Fisch?«

»Wie ein Fisch?« sagte er. »Viel besser, Mama!«

»Bist du da ganz sicher?«

»Ja, natürlich, Mama. Denn ich kann auch schon ein bißchen Kraul und Schmetterling, und das können Fische nicht!«

Auf der Erde gibt es mehr Wasser als Land

Heute in der Erdkundestunde holte Herr Lindberg den großen Globus aus dem Regal und erzählte uns, wie unsere Erde beschaffen ist, und so etwas, was wichtig zu wissen ist, weil nämlich die Erde, das ist ja etwas, auf der wir alle gehen und die wir alle täglich brauchen.

Er erzählte auch, daß die Oberfläche der Erde entweder aus Land oder aus Wasser besteht. Aber nur ein Viertel der Erdoberfläche ist Land. Die anderen drei Viertel sind Wasser.

Er erzählte auch, wenn die Menschen mit Spraydosen in die Luft sprühen, dann entsteht irgendwo weit weg in der Nähe der Sonne ein Loch in der Ozonschicht, und dann steigt der Wasserstand des Wassers, weil oben in Grönland das Eis schmilzt und zu Gletschern wird. Oder so.

»Ich kriege fünf Kronen, um Frau Jensens Hund auszuführen. Aber er liebt es, mich auszuführen!«

»Und was kann man daraus lernen, Kristoffer?« fragte Herr Lindberg. »Denk dran, drei Viertel Wasser und nur ein Viertel Land!«

Aber Kristoffer konnte daraus nichts lernen. Er sagte gar nichts. Er steckte nur schnell sein Pfadfindermesser weg.

Aber ich meldete mich.

»Charlotte?«

»Doch, jedesmal wenn hier auf der Erde ein Mann in der Erde gräbt, dann sind gleichzeitig drei am Angeln!«

Mein kleiner Bruder war sehr erkältet, und er sollte sehr starken Hustensaft nehmen. Aber als er den Saft das erste Mal geschmeckt hatte, wollte er ihn das zweite Mal nicht mehr nehmen.

»Jetzt komm«, sagte Mama. »Wenn ich erkältet bin, nehme ich auch Hustensaft, auch wenn ich ihn nicht mag. Man muß sich nur dazu durchringen, daß jetzt alles in einem Rutsch runter soll, und dann ist alles ganz einfach.«

»Aber Mama«, sagte er. »Ich habe mich gerade dazu durchgerungen, daß er nicht runter soll!«

Wir spielen Vogelküken

Im Biologieunterricht erzählte uns Herr Lindberg heute alles über Vögel, die im Nest sitzen und ihre Eier ausbrüten, damit daraus kleine Küken werden. Er erzählte auch, wie hungrig kleine Vogelküken immer sind und wie fleißig ihre Vogeleltern herumfliegen, um Essen für sie zu holen. Manchmal, bei manchen Vögeln, muß die Vogelmutter alles allein machen. Der Vogelvater sitzt lieber hoch oben in einem Baum und singt. Herr Lindberg erzählte uns ganz viel darüber. Wir hörten auch ein Tonband mit Vogelgesang und den Stimmen der Vögel, und als noch fünf Minuten Zeit waren, schlug er vor, daß wir jetzt alle Vogelküken spielen sollen und dabei nach Essen piepen und den Mund ganz weit aufmachen und mit den Flügeln schlagen sollten, um richtig zu zeigen, daß wir Hunger hatten. Und eigentlich hatten wir das ja auch, denn es war genau vor der großen Pause.

Und ehrlich gesagt, wir waren sehr gut, als wir Vogelküken spielten, jedenfalls lachten wir viel dabei. Nur Kristoffer lief zwischen den Tischen herum und schubste uns alle.

»Jetzt laß diesen Unfug, Kristoffer«, schimpfte Herr Lindberg.

»Aber«, verteidigte Kristoffer sich, »ich bin doch ein kleiner Kuckuck. Ich schubse alle anderen aus dem Nest!«

Mein Taschengeld reicht nie. Aber ich kriege auch viel zu wenig. Ich habe es Papa schon so oft gesagt, aber er hört nie richtig zu, wenn ich über mein Taschengeld rede. Gestern, als er gerade gut gelaunt war, kletterte ich zu ihm auf den Schoß.

»Hej, Papa!« sagte ich, und dann beruhigte ich ihn sofort. »Nicht, daß du glaubst, daß ich mehr Taschengeld möchte. Aber gibst du mir nicht mal eben zehn Kronen? Ich habe völlig vergessen, wie eine Eiswaffel schmeckt!«

»Eine gute Frage! Versuche ich, Pjevs zu retten, oder versucht sie, mich zu retten?«

»Also ehrlich gesagt«, meinte Papa, »eigentlich bist du doch inzwischen zu groß, um mich um zehn Kronen anzubetteln.«

»Ja, da hast du eigentlich recht, Papa«, antwortete ich. »Dann gibst du mir also zwanzig Kronen, ja?«

So funktioniert ein Telegraph

In der Schule erzählte uns Herr Schou heute etwas über den Telegraphen.

»Kann mir einer von euch sagen, wie ein Telegraph funktioniert?« fragte er.

Wir saßen lange und dachten nach, und dann versuchte Barbara, es so zu erklären, daß auch Herr Schou es verstehen konnte.

»Also«, sagte sie. »Der Telegraph, das ist wie ein ganz, ganz, ganz langer Hund, nicht? Und wenn man diesem Hund unten in der Sahara auf den Schwanz tritt, nicht? Dann bellt er erst weit oben in Lappland. Das ist Telegraphie!«

Wir konnten Herrn Schou ansehen, daß er enorm imponiert war. Es dauerte etwas, bis er sich wieder gefangen hatte.

»Genau ins Schwarze, Barbara«, sagte er dann. »Aber gibt es dann auch jemanden von euch, der mir erklären kann, wie drahtlose Telegraphie funktioniert?«

Wie der Blitz meldete ich mich.

»Drahtlose Telegraphie geht ganz genauso«, sagte ich. »Nur ohne Hund!«

»Laß mir die Wahl zwischen einem Mercedes und einem Skateboard, ich nehme immer das Skateboard!«

Im Geschichtsunterricht war ich heute gar nicht gut, weil ich immer wieder nach etwas gefragt wurde, das schon lange vor meiner Zeit geschehen war.

Und ich wollte auch überhaupt nicht frech werden, als mich Herr Lindberg in der Biologiestunde etwas fragte und ich eine falsche Antwort gab, weil ich die Frage soeben noch mitgekriegt hatte, weil ich gerade mit Susanne redete, weil wir beide ein neues Sweat-Shirt gekriegt hatten und uns etwas darüber unterhielten.

»Zum zweiten Mal, Charlotte!« sagte Herr Lindberg. »Wo auf der Welt findet man Elefanten?«

»Es ist sehr selten, daß man Elefanten findet«, sagte ich etwas verwirrt. »Denn Elefanten sind so groß, daß ... ja, daß sie selten verloren werden!«

Hafergrütze ist gesund

Zu Hause essen ich und mein kleiner Bruder immer Frostie's und Corn-flakes, und Müsli und solche Sachen, und Mama sagt, daß das genau das Richtige zum Frühstück ist, weil da viele verschiedene Sorten Vitamine und Eisen und so etwas drin sind.

Aber wenn wir bei Oma zu Besuch sind, dann kriegen wir immer Hafergrütze, weil Oma mehr an diese Art von Frühstück glaubt als an »all diesen Kram, der innen und außen hohl ist.« Und es müssen große Portionen sein, weil eine große Portion gesünder ist als eine kleine Portion, und weil

»Dies ist ein Ein-Personen-Spiel für eine Person, aber ein Zwei-Personen-Spiel für zwei Personen ist nun mal lustiger!«

Oma als Kind auch selbst große Portionen Hafergrütze gegessen hat.

Ich kann Omas große Portionen gut essen, wenn ich zu etwa gleichen Teilen Hafergrütze und Zucker nehme. Aber mein kleiner Bruder hat da Schwierigkeiten. Es dauert immer sehr lange, bis er seine Portion gegessen hat.

Heute morgen dauerte es so lange, daß Oma schon ins Wohnzimmer ging, um etwas aufzuräumen und die Blumen zu gießen, während er fertig aß. Als sie in die Küche kam, um frisches Wasser zu holen, war mein kleiner Bruder fertig.

»Hast du tatsächlich alles aufgegessen?« fragte Oma. »Oder hast du den Rest etwa in die Spüle gegossen?«

»Nein«, sagte er ganz bestimmt. »Wenn du mir nicht glaubst, daß ich alles gegessen habe, kannst du mich ja einfach wiegen!«

In der großen Pause ging Sarawagi voll auf Kristoffer los, weil er sie wegen ihres großen Mundes hänselte. Ganz hysterisch haute sie auf ihn ein, und er mußte ihr versprechen, es nie mehr zu sagen. Sie kann es also einfach nicht ab, wenn man sie wegen ihres großen Mundes aufzieht.

Sie hatte sich eine Banane geschält, und Kristoffer hatte gesagt, nur um sie zu ärgern:

»Oh, seht mal, wie Sarawagi gleich eine Banane ißt! Sie kann es in einem Stück ... quer!«

Kennst du Kolumbus, Mama?

Als ich heute aus der Schule kam und meinen Ranzen in die Ecke gestellt hatte und auf den Küchentisch gehüpft war, um meinen Kakao und mein Rosinenbrötchen zu kriegen, hatte ich richtig Lust zu einem gemütlichen Plausch mit Mama. Man kann sich auch an den Küchentisch setzen, aber für mich plauscht es sich einfach besser, wenn ich auf dem Küchentisch sitze und mit den Beinen baumeln kann.

»Mama«, sagte ich, »hast du schon einmal von einem Mann gehört, der Kolumbus hieß?«

Ja, das hatte Mama.

»Weißt du auch, daß er es war, der Amerika entdeckte?«

»Aber sicher weiß ich das, mein Kind.«

»Aber Mama, weißt du auch, daß es eine Königin war, die Isabella hieß, die ihm Geld gab, damit er Schiffe kaufen und da rübersegeln konnte, um alles zu entdecken?«

»Ja, davon habe ich gelesen«, sagte Mama.

»Weißt du auch, wer die Indianer entdeckte?« fragte ich.

»Kolumbus.«

Ich saß und kaute an meinem Brötchen herum. Dann sagte ich: »Weiß Rudolf das auch alles?«

»Ja, da bin ich ziemlich sicher, daß er das weiß.«

»Und Papa, weiß er das auch?«

»Ja, das sollte er doch schon wissen.«

Ich nippte etwas an meinem Kakao.

»Ich erzählte Papa, daß Filmstars in Ziegenmilch baden! ›Gut!‹, meinte er. ›Dann kaufen wir eine langbeinige Ziege, damit du wenigstens duschen kannst!‹«

»Also weißt du, Mama«, sagte ich dann etwas säuerlich. »Das ist ja überhaupt nichts wert, was die mir in der Schule beibringen. Alle anderen Menschen wissen es ja schon!«

Er liebt mich … er liebt mich nicht …

Im Religionsunterricht hatte Fräulein Abrahamsen gesagt, daß Gott alle Menschen liebt. Und zu Hause wollte ich doch einmal ausprobieren, ob es auch stimmte – und das tat es nicht.

Ich war sehr enttäuscht, als ich aus dem Garten hereinkam.

»Mama«, sagte ich, »in der Schule erzählte Fräulein Abrahamsen, daß Gott alle Menschen liebt. Aber das stimmt nicht. Mich liebt er nicht. Obwohl ich ihm nie etwas getan habe.«

»Woher willst du denn wissen, daß er dich nicht liebt?« fragte Mama.

»Weil ich es mit einer Margeriten-Blüte versucht habe, von der ich die Blütenblätter einzeln abriß. So wie du es mir gezeigt hast, wie man es machen soll. Bei jedem Blütenblatt sagte ich: Gott liebt mich … Gott liebt mich nicht … Gott liebt mich … Gott liebt mich NICHT! Und dabei blieb es!«

Mama sagte, daß ich ja in den Garten gehen und es mit einer anderen Blüte versuchen könnte, um zu sehen, wie dann das Ergebnis war. Man dürfte es immer zweimal probieren, sagte sie.

»Obwohl mein Goldfisch aus Plastik ist, kann ich trotzdem erkennen, wie er sich freut, wenn ich ihm frisches Wasser gebe!«

Also lief ich in den Garten und versuchte es mit ein paar anderen Blüten. Ich war sehr glücklich, als ich hereinkam, um das Ergebnis zu verkünden.

»Zuerst habe ich es bei Gott versucht«, erzählte ich. »Und jetzt hat er seine Meinung geändert, denn jetzt liebt er mich. Und danach versuchte ich es bei all meinen Tieren. Und weißt du was? Bobby liebt mich! Pjevs liebt mich! Meine Schildkröte, Herr Krötschilde, liebt mich. Kiki, mein lieber Wellensittich, liebt mich auch ... die einzigen, die mich nicht lieben, das sind meine Goldfische. Aber, weißt du was, Mama, damit will ich versuchen zu leben!«

»So, jetzt gibt es von mir keine Geschichten mehr! Schluß und Danke und gute Nacht sagen ich und mein Teddy hier aus Charlottes Schmuseecke!«

Köstlicher Lesespaß

Als Band mit der Bestellnummer 11466 erschien:

Von den Eltern »erzogen«, vom großen Bruder gehänselt und von Oma und Opa zu sehr verwöhnt zu werden ist für einen Sechsjährigen gar nicht so einfach, wie seine Tagebucheintragungen verraten. Natürlich stehen auch viele lustige und verrückte Begebenheiten darin, und es macht dem Leser großen Spaß, die wunderbare Welt der Kinder kennenzulernen.